Karin Iden

Sonne im Glas

Eingemachtes & Eingelegtes

Fotos von Oliver Brachat

Hölker Verlag

Inhalt

Vorwort 4

Basiswissen Einmachen & Einlegen 6

Konfitüren, Marmeladen & Gelees 26

Chutneys & Relishes 56

Eingelegtes Gemüse & Obst 74

Würzige Essige, Öle & Pestos 106

Liköre, Aufgesetzte & Co 144

Sirup & Getränke 162

Register 174

Vorwort

Es gibt kaum etwas Schöneres, als einen warmen Sommertag draußen im eigenen Garten zu genießen. In der Luft liegt der Duft von süßem Obst, frischem Gemüse und würzigen Kräutern. Genau danach schmecken unsere ländlichen Rezepte, mit denen sich schnell und einfach die Sonne ins Glas zaubern lässt.

Die eigene Ernte verarbeiten, herrlich frische Köstlichkeiten zubereiten, der Kreativität in der Küche freien Lauf lassen, sich selbst, Familie und Gäste mit Einmaligem, Unverwechselbarem überraschen und erfreuen: Das macht stolz auf den eigenen Garten und die selbst gemachten Leckereien!

Ein frischer Zitronenlikör wird als Aperitif gereicht; die selbst gepflückten Wildfrüchte in Alkohol schmecken himmlisch zum Dessert. Konfitüren, Marmeladen und Gelees veredeln das Frühstück, raffinierte Chutneys und Relishes geben dem festlichen Braten den letzten Pfiff.

Nicht nur für das eigene leibliche Wohl sind diese Produkte aus dem heimischen Garten ein Schatz, sie eignen sich auch besonders gut als Geschenk. Außergewöhnliche Flaschen oder Gläser, liebevoll beschriftete Etiketten und eine passende Schleife – fertig ist ein besonderes Mitbringsel aus der eigenen Küche.

Ball
IDEAL

Basiswissen Einmachen & Einlegen

Das Haltbarmachen

Haltbar machen/konservieren bedeutet, Verderbliches davor zu bewahren, durch Mikroorganismen zerstört zu werden.

Das kann durch natürliche Konservierungsmittel wie Alkohol, Essigsäure, Salz und Zucker erfolgen. Und/oder durch den Vorgang des Einkochens oder Sterilisierens. Hierbei werden Lebensmittel durch Zufuhr von Wärme und anschließenden Luftabschluss konserviert. Die Verderben verursachenden Mikroorganismen macht man dadurch inaktiv.

Für das Einkochen wird vorbereitetes Obst, Gemüse oder Fleisch in Einmachgläser gefüllt, mit Gummiringen und Deckeln verschlossen und im Wasserbad bei 75–100 °C für eine vorgeschriebene Zeit erhitzt. In den Gläsern bildet sich Unterdruck, durch den die Deckel angesaugt werden. Das Eingekochte wird somit luftdicht verschlossen. Zusätzlich können die Deckel mit Bügelverschlüssen fixiert werden.

AUF DIE AUSGANGSPRODUKTE KOMMT ES AN

Die Ergebnisse des Einmachens und Einlegens können nur so gut sein wie ihre Ausgangsprodukte. Obst oder Gemüse müssen von allerbester Qualität sein – reif und frei von Faul- oder Druckstellen – und sollten am Tag der Ernte bzw. am Tag des Einkaufs verarbeitet werden. Achten Sie auf saisonale Angebote aus der Region auf Ihrem Wochenmarkt.

Während der Vorbereitung sollten Obst und Gemüse stets vor dem Putzen, Entstielen, Schälen oder Zerkleinern gewaschen werden. Sie dürfen niemals im Wasser liegen bleiben. Einfach gründlich kalt abbrausen und in einem Sieb oder auf einem sauberen Küchentuch abtropfen lassen. Große Mengen Obst, die nicht an einem Tag verarbeitet werden können, wandern vorbereitet (gewaschen, geputzt, entkernt, ggf. blanchiert usw.) in die Gefriertruhe.

Beerenobst wird nach gründlichem Verlesen, Waschen und Trocknen von den Stielen gezupft, flach in Gefrierbeutel gegeben und eingefroren. Steinobst wird entsteint und mit wenig Zucker im eigenen Saft nur kurz gedünstet oder zu Mus gekocht, eventuell passiert und in Plastikboxen eingefroren.

Das Einkochen oder Einlegen kann dann zu einem späteren Zeitpunkt erfolgen. Auch TK-Früchte sind zur Herstellung von Marmeladen, Konfitüren und Gelees geeignet.

Konservierungsmethoden und -mittel

KONSERVIEREN MIT ZUCKER UND ANDEREN SÜSSSTOFFEN

Zucker kennen Sie sicherlich als Konservierungsmittel. Beim Einkochen wird das Obst zusätzlich durch Hitze sterilisiert. Beim Einlegen hingegen wird Zucker in Verbindung mit Essig oder Alkohol verwendet.

Einmachzucker – einfach und gut

Das ist reiner Weißzucker, der grobkörniger ist als normaler Haushaltszucker. Die größeren Kristalle lösen sich langsamer in Flüssigkeit als solche von Raffinadezucker. Die besonders klare Zuckerlösung ohne Schaum eignet sich hervorragend für die Herstellung von Marmelade, Gelee und Konfitüre und für das Einlegen von Früchten in Alkohol.

Gelierzucker spielt eine wichtige Rolle

Gelierzucker ist eine Mischung aus Raffinade, natürlichem Apfelpektin und reiner Zitronensäure. Gelierzucker süßt und geliert zugleich und macht besonders haltbar, denn der in genügender Menge vorhandene Zucker hat einen natürlichen Konservierungseffekt. Nach der klassischen Methode werden Konfitüren, Gelees und Kompotte im Verhältnis 1:1 zubereitet, d. h., auf 1 kg Früchte kommt 1 kg Gelierzucker. Bei diesem Verfahren werden die Früchte vor dem Putzen gewogen.

Gelierzucker Extra, Spezial oder Super

Mit diesen Geliermitteln kann bis zur Hälfte und mehr an Zucker eingespart werden. Die Spezial-Gelierzucker enthalten Raffinade, Apfelpektin und Zitronensäure. Bei einigen ist der Zucker zum Teil durch Zuckeraustauschstoff ersetzt, bei anderen wird Konservierungsstoff zugefügt. Die Fruchtzubereitungen sind weniger lange haltbar als mit konventionellem Gelierzucker hergestellte. Bei dieser zuckersparenden Methode werden Konfitüren, Gelees und Kompotte im Verhältnis 2:1 und 3:1 zubereitet, d. h. 1 Teil Zucker auf 2 oder 3 Teile Früchte. Die Früchte werden hierfür nach dem Putzen gewogen.

Feinster Zucker

Hierbei handelt es sich um eine sehr feine, gleichmäßige Raffinade. Er ist sehr leicht löslich, vielseitig verwendbar und z. B. auch ideal zum Einlegen von Früchten.

Weißer Kandiszucker

Die diamantähnlichen weißen Kristalle des Kandiszuckers werden aus hochwertigen Klären hergestellt (Kläre ist eine besonders reine, klare Zuckerlösung). Weißer Kandiszucker ist besonders geeignet zum Ansetzen selbst gemachter Liköre.

Brauner Zucker (Kandisfarin)

Dieser feinkörnige Spezialzucker wird aus braunem Kandissirup gewonnen, Karamell- und Bräunungsstoffe verstärken sein Aroma. Er wird für die Herstellung von Likören, Rumtöpfen, Chutneys, Relishes und süßsauer eingemachten Früchten verwendet.

Zuckeraustauschstoff

Er besteht aus organischen Verbindungen, die aus pflanzlichen Grundstoffen gewonnen werden und für Diabetiker geeignet sind. Er wird bei der Zubereitung von Konfitüren, Marmeladen oder Gelees genau wie Zucker eingesetzt. Folgende Zuckeraustauschstoffe spielen beim Einmachen eine Rolle:

Fruchtzucker: Diese Sorte, auch Fructose genannt, wird aus Rohr- und Rübenzucker gewonnen. Fruchtzucker und Geliermittel sind bereits fertig gemischt. Die Kochzeit beträgt für Konfitüren, Marmeladen und Gelees mindestens 3 Minuten.

Stevia: Das aus der Planze Stevia rebaudiana gewonnene Stoffgemisch lässt sich als Süßstoff verwenden. Es gibt auch Gelierzucker mit Stevia. Das Verhältnis liegt bei 3:1, also 3 Teile Früchte und 1 Teil Gelierzucker mit Stevia.

Sorbit: Es kommt in Pflanzen und Früchten vor. Da seine Süßkraft nur halb so stark ist wie bei Zucker, wird Sorbit mit Saccharin zusätzlich gesüßt.

Konservieren mit Salz

Mit Salz zu konservieren ist heutzutage weniger üblich. Selbst gemachtes Sauerkraut ist allerdings ein echtes kulinarisches Vergnügen, da es viel milder und fruchtiger als solches aus Dose oder Glas schmeckt (siehe Rezept S. 97). Auch andere Gemüse und Würzmittel wie Gurken, Kapern und Bohnen können mit Salz bestreut oder mit einer Salzlösung übergossen konserviert werden. Dazu reicht ein großes Glasgefäß oder ein Steinguttopf, ideal ist aber ein Gärtopf. Diese Töpfe sind aus glasiertem, hoch gebranntem Steingut und haben eine spezielle Wasserrinne. Außerdem gehören Deckel und Beschwerungssteine dazu. Der Steinguttopf wird gefüllt, der Deckel wird aufgelegt und Wasser in die Rinne gegossen. Damit ist der Topf luftdicht abgeschlossen.

Konservieren mit Alkohol

Alkohol und Zucker bewirken gemeinsam, dass sich eingelagerte Früchte monatelang halten. Für das Einlegen in Alkohol sollten besonders aromatische, schöne Früchte verwendet werden. Zu den beliebtesten Rezepten mit dieser Methode gehört der Rumtopf (siehe Rezept S. 157). Außer Rum sind auch andere Alkoholika vom Obstler bis zum Wodka geeignet. Der Alkoholgehalt muss allerdings mindestens 40 Vol.-% betragen.

Konservieren mit Essig

Essig: Hierbei handelt es sich um ein uraltes Würz- und Konservierungsmittel. Er entsteht durch Vergären alkoholischer Flüssigkeiten, z. B. Wein, Branntwein oder Apfelwein. Sie haben gewöhnlich eine Essigsäure-Konzentration von 5–6 %.

Essigessenz: Dies ist eine synthetisch hergestellte, wasserhaltige Essigsäure (z. B. Surgit). Sie darf wegen ihres hohen Säuregehalts nicht unverdünnt verwendet werden. Da der gewöhnliche Haushaltsessig 5 % Säure und 95 % Wasser enthält, die Essigessenz aber 25 % Säure, kann das fehlende Wasser durch Aromaträger wie Wein, Branntwein, Obstsaft oder Sherry ersetzt werden. Mit Kräutern, Gewürzen oder auch Obst können Spezialessige wie Orangenessig, Himbeeressig, Knoblauchessig und Basilikumessig für außergewöhnliche Dressings bereitet werden. Für bestimmte Zubereitungen, die zwar die Säure des Essigs brauchen, aber nicht durch allzu viel Flüssigkeit verwässert werden dürfen, ist die Essigessenz besonders vorteilhaft, z. B. für Chutneys oder Relishes.

Gurkenaufguss: Hierbei handelt es sich um einen Spezialessig zum Einlegen von Gurken, Roter Bete, Mixed Pickles und Kürbis. Er enthält bereits Gewürze, Salz und Zucker und ist in unterschiedlichen Zubereitungen erhältlich.

Konservieren mit Öl

Öl bildet eine Schutzschicht auf dem Eingelegten. Dazu kocht man z. B. Gemüse in einer Essiglösung, lässt es danach abtropfen, gießt etwas abgeschmeckte, kalte Essiglösung darauf und „verschließt" alles mit Öl. In anderen Fällen wird nur Öl angegossen. Die Zutaten müssen stets vollständig von Öl bedeckt sein und sollten im Kühlschrank aufbewahrt werden. Nach einigen Tagen sollte man noch einmal kontrollieren und eventuell etwas Öl nachgießen. Für beide Konservierungsmethoden eignen sich alle Öle von guter und sehr guter Qualität, so z. B. Maiskeimöl, Rapsöl, Sonnenblumenöl, Sojaöl und Olivenöl.

GELIERMITTEL

Geliermittel werden in pulverisierter und flüssiger Form angeboten und auch diese in zuckersparenden Varianten. Sie haben alle etwas gemeinsam, nämlich Pektin, das ein natürliches Gelier- und Dickungsmittel ist. Diese Gelierhilfen gibt es im Handel:

Pektin – ganz natürlich

Pektin ist Bestandteil der Zellwände fast aller Früchte. Je unreifer sie sind, desto mehr Pektine enthalten sie und umso fester ist ihre Konsistenz. Mit zunehmender Reife baut sich das Pektin ab, und die Festigkeit der Früchte verringert sich. Da reife Früchte bei der Verarbeitung keine entsprechende Menge an Pektin mehr enthalten, fügt man beim Einmachen Pektin mit Gelierzucker oder Gelierpulver oder in flüssiger Form zu. Das Pektin bildet nach kurzem Erhitzen zusammen mit dem Frucht-Zucker-Säure-Gemisch während des Erkaltens ein festes Zellgerüst, auch „Gel" genannt. Daher spricht man von Gelierung bzw. Geliervorgang. Industriell wird Pektin aus den getrockneten Rückständen der industriellen Apfelgewinnung bzw. aus den Schalen von Zitrusfrüchten gewonnen.

Agar-Agar

Ein Extrakt aus der asiatischen Rotalge. Agar-Agar ist in Pulver-, Flocken- und Stangenform im Handel erhältlich. Auf 1 kg Obst verwendet man 1 gehäuften Esslöffel Agar-Agar-Pulver. Es wird in ⅛ l kaltem Wasser gequollen, dann anschließend aufgekocht und in die Obstmasse gerührt. Um Schimmelbildung zu vermeiden, ist es ratsam, einen kleinen Schuss Alkohol auf die in die Gläser eingefüllte Fruchtmasse zu gießen und abzubrennen. Dann mit Twist-off-Deckeln verschließen.

Zitronensäure und andere Säuerungsmittel

Zitronensäure ist eine organische Säure mit angenehmem Geschmack. Sie wird aus Zitronen gewonnen oder mikrobiologisch hergestellt. In der Natur ist sie weit verbreitet, vor allem in Zitrusfrüchten, Feigen, Preiselbeeren, Himbeeren und Johannisbeeren. Zitronensäure ist zum Gelieren von Gelees und Marmeladen genauso notwendig wie Pektin und Zucker. Und so enthalten alle Geliermittel Zitronensäure oder eine andere Fruchtsäure. Der Geschmack des Einmachgutes wird intensiviert, und die herrlichen Farben bleiben erhalten.

Ascorbinsäure

Die chemische Bezeichnung für Vitamin C, reine kristallisierte Zitronensäure. Man kann Ascorbinsäure in Apotheken kaufen. Dieses Allround-Konservierungsmittel schützt das Eingemachte vor Schimmelpilzen. Beim Einkochen von hellen oder säurereichen Früchten, wie z. B. Birnen oder Pfirsichen, empfiehlt es sich, unter die abgekühlte Zuckerlösung eine Messerspitze Ascorbinsäure zu rühren. Dadurch wird der Eigengeschmack der Früchte verstärkt. Außerdem hilft es zu verhindern, dass sich die Früchte bräunlich verfärben.

Weinsteinsäure oder Weinsäure

Eine organische Säure, die in vielen Früchten vorkommt. Vorwiegend wird sie aus Trauben gewonnen. Im Handel gibt es Pulver in Packungen mit je 20 g Inhalt. Es wird für die Saftherstellung verwendet. Auch in manchen Gelierhilfen ist Weinsäure enthalten.

Sorbinsäure

Eine organische Säure, die in der Natur z. B. in Vogelbeeren vorkommt. Sorbinsäure (E 200) hat eine stark konservierende Wirkung und schützt das Eingemachte vor Schimmel und Fäulnis. Ein Konservierungsstoff, der vom deutschen Lebensmittelrecht für die Verwendung im Haushalt zugelassen ist. Im Handel findet man Sorbinsäure in Einkochhilfe, Einmachhilfe und Gurkendoktor.

Benzoesäure

Eine organische Säure, auch unter der Bezeichnung E 210 bekannt, die in Früchten wie z. B. Preiselbeeren und in Gemüse enthalten ist. Zusammen mit anderen Säuren wirkt sie konservierend und verhindert die Bildung von Schimmel und anderen schädlichen Bakterien. Benzoesäure kann in Einmachhilfen enthalten sein.

FRISCHE SÄFTE ZUM TRINKEN UND ALS GRUNDLAGE VON GELEES

Ob als erfrischendes Getränk oder als Grundlage für Fruchtsaucen oder Süßspeisen, hausgemachte Säfte sind eine feine Sache und einfach herzustellen. Auch für Fruchtgelees benötigen Sie Saft als Ausgangsprodukt. Zu seiner Herstellung gibt es verschiedene Methoden:

Die Früchte ohne Zugabe von Zucker im Dampfentsafter entsaften und abkühlen lassen. Geringe Fruchtmengen ohne Zuckerzugabe in einem Schnellkochtopf (mit Siebeinsatz und eventuell Saftauffangschale) entsaften und abkühlen lassen.

Früchte klein schneiden, mit wenig Wasser in einem Topf garen, auf ein Tuch geben, Saft auffangen und abkühlen lassen. Säfte können Sie zum Haltbarmachen süßen (bei süßen Früchten nicht nötig), dazu bringen Sie sie zum Kochen und lösen den Zucker vollständig in der Flüssigkeit auf. Während des Kochvorgangs ständig umrühren, damit der Saft nicht anbrennt und genügend Flüssigkeit verdampfen kann. Den heißen Saft sofort in Flaschen abfüllen und verschließen.

Für 1 l (1000 ml) Fruchtsaft braucht man im Dampfentsafter folgende Obstmengen: Äpfel: 1,5 kg, Beerenfrüchte: 1,5 kg, Sauerkirschen: 1,2 kg, Pfirsiche: 2 kg, Weintrauben: 2 kg, Schwarze Johannisbeeren: 1 kg, Rote Johannisbeeren: 1,2 kg.

Grundausstattung & Basiswissen

Für das Einmachen, Einlegen und die Likörzubereitung benötigen Sie keine komplizierten Gerätschaften. Wahrscheinlich ist in Ihrer Küche bereits (fast) alles Nötige vorhanden, sodass Sie sofort loslegen können:

1 großes Schneidebrett
Je 1 kleines und mittleres Küchenmesser
Schüsseln
Durchschläge (aus Edelstahl oder Kunststoff)
Feines Sieb
Passiertuch
Kirsch- und/oder Pflaumenentsteiner
Stampfer, Mixstab des Handrührers oder Mixaufsatz der Küchenmaschine
Kurzzeitmesser oder Eieruhr
Küchenwaage
Messbecher
Topf aus Edelstahl (24 cm Durchmesser und ausreichend hoch)
Rührlöffel, Schaumlöffel, Schöpfkelle
Trichter
Mörser (zum Mahlen von Gewürzen)
Topflappen
Geschirrtücher

DIE RICHTIGEN GLÄSER UND GEFÄSSE

Welche Gefäße verwendet werden, hängt in erster Linie von der Größe des Haushalts und dem persönlichen Geschmack ab. Weckgläser und Gläser mit Twist-off-Deckeln gibt es in verschiedenen Größen, Letztere sind ideal und oft auch sehr dekorativ. Für das Abfüllen von Obst und Gemüse, das eingelegt werden soll, sind Twist-off-Gläser besonders praktisch und hygienisch. Auch für Früchte in Alkohol sind sie empfehlenswert, jedenfalls zum Durchziehenlassen. Anschließend kann dann die Flüssigkeit in Flaschen umgegossen werden. Schöne alte Steinguttöpfe sind meist recht groß und deshalb vor allem für vielköpfige Familien geeignet.

Bevor es an das Einkochen und Einlegen geht, sollten z. B. vorhandene Gläser, Deckel und die Gummiringe der Weckgläser auf ihren Zustand überprüft werden. Die verwendeten Gläser müssen einwandfrei sein. Für die Likörzubereitung brauchen Sie verschiedene Arten von Gefäßen: für das Ansetzen des Likörs weithalsige, gut verschließbare Fruchtsaftflaschen, am besten mit Twist-off-Verschluss; günstig sind auch große Twist-off-Gläser (von je 1½ l) oder Weckgläser mit Bügelverschluss. Zum Aufbewahren verwendet man dekorative kleinere Flaschen.

Sauberkeit ist Trumpf

Ganz gleich, für welche Gläser bzw. andere Gefäße Sie sich entscheiden, sauber müssen sie sein. Ebenso das sonstige Zubehör. Die Gläser am besten in der Geschirrspülmaschine oder in heißem Wasser mit handelsüblichem Geschirrspülmittel säubern. Anschließend mehrmals mit klarem heißem Wasser nachspülen und auf einem sauberen Geschirrtuch gut abtropfen lassen. Gummiringe und Deckel in Essigwasser auskochen und mit klarem heißem Wasser nachspülen. Mit der Öffnung nach unten auf ein sauberes Geschirrtuch setzen und abtropfen lassen. Steinguttöpfe reinigt man am besten mit einer heißen 5-prozentigen Essigessenz-Lösung.

Aufbewahrung und Haltbarkeit

Eingemachtes sollte trocken, luftig, dunkel, nicht kälter als 4 °C und nicht wärmer als 12–15 °C aufbewahrt werden. Der Keller oder die Speisekammer sind dafür, soweit vorhanden, genau richtig. Bei wärmeren Temperaturen verkürzt sich die Haltbarkeit. So aufbewahrt, hält sich der Vorrat bis zur nächsten Erntezeit. Angebrochene Gläser im Kühlschrank aufheben. Und so lange sind Ihre Schätze bei idealer Zubereitung und Lagerung haltbar:

Eingekochte Gemüse- und Obstsorten: 1 Jahr
Mit Zucker eingekochte Früchte, Kompotte und Säfte: 1 Jahr
Marmeladen, Konfitüren und Gelees: länger als 1 Jahr (Bei Zugabe von fetthaltigen Zutaten wie Nüssen oder auch nicht mitgekochten Kräutern verringert sich die Lagerzeit.)
Mit Gelierzucker Extra Eingemachtes: 6–12 Monate
Chutneys und Relishes: 3–6 Monate
Sauer Eingelegtes: 6–8 Monate
Süßsauer Eingelegtes: 6–8 Monate
In Salz Eingelegtes: 2–3 Monate
Gefilterter Essig: bis zu 1 Jahr
Gewürzte Öle: 3–4 Monate
In Alkohol Eingelegtes: mehrere Monate
Liköre: mehrere Monate

Gelegentlich sollte überprüft werden, ob die Deckel noch sitzen, Eingemachtes oder Eingelegtes noch mit Flüssigkeit bedeckt ist oder sich etwa die Metalldeckel der Gläser wölben. Und ganz wichtig: Konfitüren, Eingelegtes usw. immer mit sauberem Besteck aus dem Glas holen; sonst können Bakterien die Haltbarkeit verringern.

Etiketten sind praktisch

Damit jeder weiß, was sich in den Gläsern befindet und wann sie abgefüllt worden sind, sollten Sie die dekorativen Schildchen, die man fertig im Handel kaufen kann, mit Inhalt und Datum beschriften.

Tipps und Tricks

EINMACHEN

Das Einfüllen in die Gläser

Ein ausreichend großer Topf (24 cm Durchmesser) sollte mit der Obst-Zucker-Masse nicht mehr als halb gefüllt sein. Möglichst nicht mehr als 1 kg Früchte auf einmal einkochen. Die mit heißem Wasser ausgespülten, abgetropften Twist-off-Gläser auf ein feuchtes Geschirrtuch stellen, damit sie nach dem Einfüllen nicht springen. Die Gläser nach dem Einfüllen sofort verschließen, umdrehen und 5 Minuten auf dem Deckel stehen lassen. Durch den entstehenden Unterdruck kann die Vermehrung von Mikroorganismen fast ausgeschlossen werden.

Konfitüren – süß oder fruchtig?

Für klassische süße Konfitüren: 1:1-Methode (1 kg Früchte auf 1 kg Zucker/Gelierzucker)
Für extrafruchtige Konfitüren: 2:1-Methode (1 kg Früchte auf 500 g Zucker)
Für superfruchtige Konfitüren: 3:1-Methode (1,5 kg Früchte auf 500 g Zucker)

Das Gewicht muss stimmen

Die Gewichtsangaben für Einmach- bzw. Gelierzucker gelten, wenn nichts anderes angegeben ist, für unvorbereitete Früchte.

Abschäumen ist angesagt

Bei der Zubereitung von Gelees ist Abschäumen eventuell erforderlich, um ein klares Gelee zu bekommen. Außerdem beinhaltet Schaum auch Luft, und die würde das Aussehen beeinflussen. Konfitüre schäumt stark, wenn eiweißhaltige Früchte, wie z. B. Erdbeeren, verwendet werden. Hier wird nach dem Kochvorgang abgeschäumt.

Geben Sie den Früchtchen Saures

Alle Früchte, die zu wenig Eigensäure haben, wie z. B. Süßkirschen, Hagebutten, Kürbisse, Erdbeeren, gelieren besser, wenn Zitronensäure zugegeben wird.

So machen Sie eine Gelierprobe

Geben Sie 1–2 Teelöffel des heißen Einmachgutes auf eine kalte Untertasse. Wird diese Probe sofort fest, dann wird auch Ihr Kochgut im Glas die richtige Konsistenz bekommen. Das kann übrigens bis zu 10 Tage dauern!

Schimmel auf der Konfitüre – was tun?

Bei Konfitüre, die nach der 1:1-Methode zubereitet wurde, verhindert der hohe Zuckeranteil das Eindringen von Pilzgiften in tiefere Schichten. Deshalb reicht es aus, wenn Sie den Schimmel großzügig entfernen. Dies trifft nicht für Konfitüre zu, die mit geringem Zuckergehalt, etwa nach der 2:1-Methode, zubereitet wurde. Sie sollte bei Schimmelbefall vernichtet werden.

So retten Sie eingetrocknete Konfitüre

Ist Konfitüre durch Lagerung zu sehr eingedickt, kann man der Sorte entsprechenden heißen Fruchtsaft zugeben und mit einer Gabel kräftig durchrühren. Dann ist die Konfitüre wieder streichfähig.

EINLEGEN

Alkohol verfeinert und konserviert

Wenn Konfitüre durch einen Zusatz von Alkohol (Rum, Obstwasser oder Liköre) verfeinert werden soll, muss die gleiche Gewichtsmenge an Zucker zugegeben werden. (Z. B. ⅛ l Rum = 125 g Zucker zusätzlich zu der im Rezept angegebenen Zuckermenge.)

Gewürze müssen frisch sein

Verwenden Sie sie sparsam: Niemals sollten sie das Eigenaroma des Eingelegten übertönen. Die Gewürze sollten möglichst frisch sein. Die meisten, vor allem gemahlene und getrocknete, verlieren nach etwa einem halben Jahr ihre Würzkraft.

Kräuter müssen trocken sein

Kräuter, die Sie in Öl einlegen wollen, müssen unbedingt trocken sein. Am besten, Sie trocknen sie im Backofen bei 50–60 °C oder schnell in der Mikrowelle (1–2 Stiele 1 Minute bei 360 Watt). Feuchte Kräuter machen das Öl trübe und nach kurzer Zeit auch ungenießbar.

Kräuter und Gewürze bedeckt halten

Ob bei Kräuteressig oder -öl, die eingelegten Kräuter müssen immer ganz und gar mit Essig oder Öl bedeckt sein, d. h., wenn Essig oder Öl aus der Flasche gegossen wird, immer wieder etwas von der entsprechenden Flüssigkeit nachgießen.

WAS EIGNET SICH ZUM EINLEGEN?

Für das süßsauer-Einlegen eignen sich:

Äpfel, Aprikosen, Birnen, Mirabellen, Pfirsiche, Pflaumen, Quitten, Reineclauden; Blumenkohl, Gurken, Kürbis, Rote Bete, Tomaten, Zucchini, Zwiebeln.

Für das Marinieren eignen sich:

Artischocken, Auberginen, Blumenkohl, Brokkoli, grüne und weiße Bohnen, Paprikaschoten, Pilze, Schalotten, Zucchini, Zwiebeln.

Für das Einlegen in Alkohol eignen sich:

Ananas, Aprikosen, Birnen, Feigen, Pfirsiche, Pflaumen, Weintrauben.

Konfitüren, Marmeladen & Gelees

Erdbeerkonfitüre, roh gerührt

ERGIBT 4–5 GLÄSER VON JE 225 G

500 g Erdbeeren, 500 g Gelierzucker 1:1

Erdbeeren abbrausen, abtropfen lassen und vom Stielansatz befreien. Die Früchte in eine Schüssel geben und mit dem Mixstab gut zerkleinern. Den Gelierzucker unter Rühren nach und nach einrieseln lassen. Alles mit dem Handrührgerät 20–30 Minuten auf höchster Stufe rühren, bis eine dickliche Masse entstanden ist. Die Fruchtmasse in vorbereitete Gläser füllen und sofort verschließen (siehe S. 21, Das Einfüllen in die Gläser).

TIPP

Wenn Sie ein elektrisches Handrührgerät älteren Datums haben, sollten Sie es zwischendurch abschalten. Die maximale Betriebszeit steht auf der Unterseite des Gerätes. Auch in der Küchenmaschine können Sie die Konfitüre zubereiten. Nach dem Zerkleinern im Aufsatz nach und nach den Gelierzucker einrühren und die Maschine 8–10 Minuten laufen lassen.

VARIANTE

Das gleiche Rezept können Sie auch mit Himbeeren zubereiten. Dafür die Früchte mit einer Gabel zerdrücken, nicht mit dem Mixstab zerkleinern. Für roh gerührte Stachelbeerkonfitüre nehmen Sie eine Hälfte reife, die andere Hälfte unreife Stachelbeeren.

Erdbeer-Pfirsich Konfitüre

ERGIBT 4–5 GLÄSER VON JE 450 G

500 g Erdbeeren, 500 g Pfirsiche, 1 kg Gelierzucker 1:1, Saft und abgeriebene Schale von 1 unbehandelten Zitrone, gemahlene Samen von 1 Sternanis

Die Erdbeeren abbrausen, putzen und zwei Drittel der Menge mit dem Mixstab pürieren. Die Pfirsiche waschen, entsteinen und klein schneiden. Die Früchte in einen großen Topf geben, Gelierzucker, Zitronensaft, abgeriebene Zitronenschale und Anissamen zufügen. Bei starker Hitze unter Rühren aufkochen. 4 Minuten sprudelnd kochen lassen. Die heiße Konfitüre in die vorbereiteten Gläser füllen und sofort verschließen (siehe S. 21, Das Einfüllen in die Gläser).

ÜBRIGENS

Pfirsiche werden bereits im Mai (weißes Fleisch, schwer löslicher Stein), hauptsächlich aber von Juli bis September (gelbfleischig mit leicht löslichem Stein) angeboten. Pfirsiche sind druckempfindlich und nur kurz lagerfähig. Reife Früchte sollten am Einkaufstag verwendet werden. Auch die folgenden Würzzutaten lassen sich mit Pfirsichen gut kombinieren: Vanillezucker, gehackte Nüsse, Pistazien, Pinienkerne.

Erdbeer-Rhabarber-Konfitüre

ERGIBT ETWA 4–5 GLÄSER VON JE 450 G

500 g Erdbeeren, 500 g Rhabarber, Saft von 1 Zitrone, 1 kg Gelierzucker 1:1

Die Erdbeeren abbrausen, abtropfen lassen, vom Stielansatz befreien und mit dem Mixstab grob zerkleinern. Den Rhabarber waschen, in kleine Stücke schneiden und zu den Erdbeeren geben. Die Erdbeer-Rhabarber-Masse mit Zitronensaft und Gelierzucker in einem großen Topf mischen und unter ständigem Rühren zum Kochen bringen. 4 Minuten sprudelnd kochen lassen. Die heiße Konfitüre in vorbereitete Gläser füllen und sofort verschließen (siehe S. 21, Das Einfüllen in die Gläser).

ÜBRIGENS

Rhabarber wird bereits ab April angeboten. Durch Folienauflagen im Freiland kann er nämlich auch mit wenig Sonne aufgezogen werden. Freilandware gibt es bis Ende Juni. Treibhausware ist von Dezember bis April erhältlich.

Rhabarber-Himbeer-Aufstrich

ERGIBT ETWA 4 GLÄSER VON 450 G

500 g Himbeeren, 750 g Rhabarber, 1 Vanilleschote, 750 g Gelierzucker 2:1, 1 TL abgeriebene unbehandelte Zitronenschale

Die Himbeeren gut abtupfen. Rhabarber waschen, putzen und in 5 mm breite Stücke schneiden. Die Vanilleschote längs aufschneiden und das Mark herauskratzen. Vanillemark, Himbeeren und Rhabarber in einem großen Topf mit dem Zucker mischen. 2 Stunden ziehen lassen. Die Fruchtmischung unter Rühren aufkochen und 5 Minuten sprudelnd kochen lassen. Zitronenschale unterrühren und das Mus fein pürieren. Den Aufstrich heiß in vorbereitete Gläser füllen und sofort verschließen (siehe S. 21, Das Einfüllen in die Gläser).

Erdbeer-Johannisbeer-Konfitüre

ERGIBT ETWA 3 GLÄSER VON JE 450 G

800 g Erdbeeren, 300 ml roter Johannisbeersaft (ungesüßt), 1 Beutel Gelierpulver (25 g), 500 g Zucker, 4 Stängel Zitronenmelisse

Die Erdbeeren abbrausen, abtropfen lassen, vom Stielansatz befreien und grob zerkleinern. Den Johannisbeersaft zugießen. Das Gelierpulver mit dem Zucker mischen und mit der Fruchtmasse gut verrühren. Melisseblättchen abbrausen, trocken tupfen, von den Stängeln abzupfen und fein schneiden. Frucht-Zucker-Masse in einem großen Topf unter ständigem Rühren zum Kochen bringen. 3 Minuten sprudelnd kochen lassen, vom Herd nehmen und eventuell abschäumen. Die Melisseblättchen unterrühren. Die heiße Konfitüre in die vorbereiteten Gläser füllen und sofort verschließen (siehe S. 21, Das Einfüllen in die Gläser).

TIPP

Für Saft und Geleebereitung können die Johannisbeeren mit den Stielen gekocht und dann in einem Tuch ausgedrückt werden.

Himbeer-Johannisbeer-Konfitüre mit Minze

ERGIBT 4–5 GLÄSER VON JE 450 G

500 g Himbeeren, 500 g Rote Johannisbeeren, 10 Minzeblättchen, 1 kg Gelierzucker 1:1

Die Himbeeren gut abtupfen. Johannisbeeren abbrausen, abtropfen lassen und von den Stielen streifen. Die Minzeblättchen ebenfalls abbrausen und trocken tupfen. Die Früchte mischen, mit Gelierzucker in einem großen Topf verrühren und unter ständigem Rühren zum Kochen bringen. Die Fruchtmischung 4 Minuten sprudelnd kochen lassen, eventuell abschäumen. Minzeblättchen unterrühren. Die heiße Fruchtmasse in vorbereitete Gläser füllen und sofort verschließen (siehe S. 21, Das Einfüllen in die Gläser).

ÜBRIGENS

Himbeeren mögen nicht gewaschen werden, sie werden nur abgetupft, sonst gibt es Aroma-, Saft- und Formverluste. Wer die zarten Früchte wegen möglicher Schadstoffe trotzdem waschen will, sollte sie in ein Sieb geben und in eine Schüssel mit lauwarmem Wasser tauchen, rasch herausnehmen und gut abtropfen lassen. Keinesfalls unter fließendes Wasser halten!

Aprikosenkonfitüre mit Zitronenmelisse

ERGIBT 4–5 GLÄSER VON JE 450 G

1,2 kg Aprikosen, 1 Päckchen Gelierpulver (25 g), 1,1 kg Zucker, 1 Bund Zitronenmelisse, 6 cl Orangenlikör (z. B. Cointreau oder Grand Marnier)

Die Aprikosen auf einem Sieb erst kurz in kochendes, dann in eiskaltes Wasser tauchen, häuten, halbieren, entsteinen und sehr fein würfeln. Gelierpulver und 2 Esslöffel der abgewogenen Zuckermenge mischen und mit der Fruchtmasse verrühren. Die Zitronenmelisse abbrausen, trocken tupfen, die Blättchen abzupfen und fein hacken. Die Fruchtmischung mit dem Orangenlikör in einem großen Topf unter Rühren aufkochen. Den übrigen Zucker einrühren, noch einmal aufkochen lassen. Alles 3 Minuten sprudelnd kochen lassen, eventuell abschäumen. Zitronenmelisse unter die heiße Fruchtmasse mischen, die Konfitüre in die vorbereiteten Gläser füllen und verschließen (siehe S. 21, Das Einfüllen in die Gläser).

Apfel-Cranberry-Gelee

ERGIBT 4–5 GLÄSER VON JE 450 G

400 g frische oder gefrorene Cranberrys, 200 g Äpfel, 2 Limettenscheiben, 1 Vanilleschote, 900–1000 g Gelierzucker 2:1

Cranberrys verlesen, in einem Sieb waschen, gut abtropfen lassen und auf einem Handtuch trocken tupfen. Äpfel schälen, vom Kerngehäuse befreien und klein schneiden. Die Früchte mit 300 ml Wasser im Mixer ganz fein pürieren. Die Masse durch ein sauberes Küchentuch drücken, den Saft auffangen. Limettenscheiben und die aufgeschlitzte Vanilleschote zum Saft geben, alles wiegen und in einem großen Topf nach Packungsanweisung mit der entsprechenden Menge Gelierzucker mischen. Die Masse unter Rühren aufkochen lassen, sofort in die vorbereiteten Gläser füllen und verschließen (siehe S. 21, Das Einfüllen in die Gläser).

Sauerkirsch-Heidelbeer-Konfitüre

ERGIBT 3–4 GLÄSER VON JE 450 G

700 g Sauerkirschen, 700 g Heidelbeeren, 500 g Diät-Gelier-Fruchtzucker

Die Früchte abbrausen und abtropfen lassen. Kirschen entsteinen. Die Früchte zusammen grob mit dem Mixstab zerkleinern. Diät-Gelier-Fruchtzucker zufügen und alles in einem großen Topf verrühren. Die Masse unter ständigem Rühren zum Kochen bringen und 3 Minuten sprudelnd kochen lassen, dabei weiterrühren. Den Topf vom Herd nehmen, eventuell abschäumen. Die heiße Fruchtmasse sofort in vorbereitete Gläser füllen und verschließen (siehe S. 21, Das Einfüllen in die Gläser).

VARIANTE

Statt der Heidelbeeren können Sie auch Rote oder Schwarze Johannisbeeren verwenden.

ÜBRIGENS

Man findet die kugeligen, blau bereiften Heidelbeeren (auch Blau-, Schwarz- oder Bickbeeren genannt) in halbschattigen Waldgebieten. Heidelbeeren werden in der Lüneburger Heide auch auf Feldern angebaut. Diese Kulturheidelbeeren sind wesentlich größer, dafür aber weniger aromatisch als die wild wachsenden.

Kirsch-Cassis-Konfitüre

ERGIBT 4–5 GLÄSER VON JE 450 G

1 kg Süßkirschen, 1 Päckchen Zitronensäure, 1 Beutel Gelierpulver (25 g), 1150 g Zucker, 100 ml Cassis-Likör

Die Kirschen waschen, entstielen und entsteinen. Die Hälfte der Früchte halbieren, die andere Hälfte mit dem Mixstab grob zerkleinern. Alle Früchte mit der Zitronensäure in einen Topf geben. Das Gelierpulver mit 2 Esslöffeln von der abgewogenen Zuckermenge mischen, danach mit den Kirschen verrühren. Alles in einem großen Topf unter Rühren zum Kochen bringen. Dann die restliche Zuckermenge einrühren. Die Fruchtmasse erneut aufkochen und mindestens 3 Minuten unter ständigem Rühren sprudelnd kochen lassen. Den Topf vom Herd nehmen, eventuell abschäumen. Den Cassis-Likör einrühren. Die heiße Fruchtmasse in vorbereitete Gläser füllen und sofort verschließen (siehe S. 21, Das Einfüllen in die Gläser).

TIPP

Wer keinen Alkohol mag, kann den Cassis-Likör durch roten Trauben- oder Kirschsaft ersetzen.

Herbstapfel-gelee

ERGIBT 2–3 GLÄSER VON JE 450 G

750 ml klarer Apfelsaft, 400 g Zucker, 1 Messerspitze gemahlene Nelken, 1 Beutel Gelierpulver (25 g), 3 Zimtstangen

Den Apfelsaft in einen großen Topf gießen. Den Zucker mit Nelken und Gelierpulver mischen und in den Fruchtsaft rühren. Alles aufkochen und unter ständigem Rühren mindestens 3 Minuten sprudelnd kochen lassen. Den Topf vom Herd nehmen und eventuell abschäumen. In jedes der vorbereiteten Gläser 1 Zimtstange aufrecht stellen und die heiße Flüssigkeit einfüllen, sofort verschließen (siehe S. 21, Das Einfüllen in die Gläser).

VARIANTE

Statt gemahlenen Nelken können Sie auch Pfefferkuchengewürz nehmen.

Holunderbeer-gelee

ERGIBT 4–5 GLÄSER VON JE 225 G

750 ml Holundersaft (aus dem Reformhaus oder selbst gemacht aus etwa 1,5 kg Holunderbeeren), Saft von 1 Zitrone, 1 kg Gelierzucker 1:1, 4 cl Cassis-Likör

Holundersaft, Zitronensaft und Gelierzucker in einem großen Topf verrühren und aufkochen lassen. Den Likör einrühren und die Masse mindestens 4 Minuten sprudelnd kochen lassen. Die heiße Flüssigkeit in vorbereitete Gläser füllen und sofort verschließen (siehe S. 21, Das Einfüllen in die Gläser).

TIPP

Holundersaft geliert manchmal schlecht. Deshalb sollten Sie die Saftmenge genau einhalten und die Kochzeit nicht unterschreiten.

VARIANTE

Sie können auch mischen: ½ l Holundersaft mit ¼ l Apfel-, Birnen- oder Quittensaft.

ÜBRIGENS

Holunder- oder Fliederbeeren sind in ganz Europa heimisch. Vom Flachland bis ins Hochgebirge wachsen die weiß blühenden Büsche an Waldrändern. Die Beeren besitzen wertvolle Inhaltsstoffe, z.B. organische Säuren, Mineralstoffe, Kalium, Magnesium und Eisen sowie Provitamin A und Vitamin E und C. Ihr Saft hat sich als Mittel gegen Husten und Erkältungskrankheiten bewährt. Hippokrates empfahl schon vor 2500 Jahren wärmenden Holunderblütentee. Aber Vorsicht: Unreife, noch grüne Beeren (auch Stiele und Blätter) enthalten das Blausäure abspaltende Sambunigrin, einen Stoff, der Übelkeit und Verdauungsstörungen hervorrufen kann. In vollreifen Beeren ist dieser Stoff kaum noch enthalten, und durch Erhitzen werden letzte Reste zerstört. Für das Einkochen sollten eventuell vorhandene grüne Beeren entfernt werden.

Sanddorn-gelee

ERGIBT 4–5 GLÄSER VON JE 450 G ODER 8–10 GLÄSER VON JE 225 G

2 kg Sanddornbeeren, Saft von ½ Zitrone, 1 kg Gelierzucker 1:1

Die Sanddornbeeren abbrausen, in einem Topf knapp mit Wasser bedecken und bei mittlerer Hitze gut durchkochen lassen. Die Masse in ein mit einem sauberen Küchentuch ausgelegtes Sieb geben und den Saft auffangen. Vom Saft 750 ml abmessen und in einen großen Topf geben, Zitronensaft und Gelierzucker einrühren und alles zum Kochen bringen. 4 Minuten sprudelnd kochen lassen. Die heiße Flüssigkeit in vorbereitete Gläser füllen und sofort fest verschließen (siehe S. 21, Das Einfüllen in die Gläser).

TIPP

Sanddorngelee schmeckt ausgezeichnet zu Wildpastete oder dünn geschnittener geräucherter Putenbrust.

ÜBRIGENS

Sanddornsträucher mit ihren kleinen orangefarbenen Beeren wachsen am Ufer von Gebirgsbächen und in Flusstälern, besonders aber an den Küstenstreifen von Nord- und Ostsee. Die 3–4 cm langen Stängel mit den daran sitzenden Beeren sind sehr dornig. Deshalb empfiehlt es sich, die Stängelstücke mit den Beeren abzuschneiden und auf einem Tuch aufzufangen, damit man sich nicht verletzt. Vorsichtig bei Saftspritzern: Sie hinterlassen hässliche gelbe Flecken auf der Kleidung. Wegen seines hohen Vitamin-C-Gehaltes ist Sanddorn sehr gesund.

Orangenmarmelade auf englische Art

ERGIBT ETWA 4 GLÄSER VON JE 450 G

1 kg unbehandelte bittere Orangen, 1 kg Gelierzucker 1:1

Die Orangen heiß abspülen und trocken tupfen. Von 2 Orangen mit einem Zestenreißer die Schale (ohne die weiße Haut) schälen und beiseitestellen. Alle Orangen wie Äpfel mit einem Messer schälen und in kleine Stücke schneiden. Die Orangen mit den Schalenzesten, ⅛ l Wasser und dem Gelierzucker in einem Topf mischen, aufkochen lassen und 4 Minuten sprudelnd kochen lassen. Die heiße Marmelade in vorbereitete Gläser füllen und sofort verschließen (siehe S. 21, Das Einfüllen in die Gläser).

VARIANTE

Diese Marmelade können Sie auch mit einfachen Orangen zubereiten. Bittere Orangen gibt es von Dezember bis März. Wer Ingwer mag, kann 50 Gramm geschälten und in Stücke geschnittenen Ingwer zusammen mit der Orangenschale in den Topf geben und mitkochen.

ÜBRIGENS

Orangen oder Apfelsinen wurden früher auch Chinaapfel oder Sinaapfel genannt. Die Früchte werden weltweit in wärmeren Klimazonen kultiviert. Es gibt über 400 Sorten; davon haben aber nur 30 eine wirtschaftliche Bedeutung. Sie variieren sehr in Geschmack (säuerlich bis süß), Form (groß, klein, oval, rund) und Farbe (mattgelb bis tieforange). Das Fruchtfleisch enthält wertvolle Mineralien, vor allem Eisen und Phosphor, und viel Vitamin C. Bekannte Sorten sind Navelina, Navel (ohne Kern), Caderena, Jaffa oder Moro (Blutorange).

Chutneys & Relishes

Rhabarber-Chutney

ERGIBT 4–5 GLÄSER VON JE 450 G

750 g Rhabarber, 500 g Äpfel, 400 g brauner Zucker, 5 EL Essigessenz (25 %), ½ TL Ingwerpulver, 40 g Mandelstifte, 100 g getrocknete Pflaumen (Kurpflaumen), 100 g Rosinen, 1 EL Senfkörner, Cayennepfeffer

Rhabarber putzen, waschen und in 3 cm lange Stücke schneiden. Äpfel schälen, vierteln, vom Kerngehäuse befreien und grob würfeln. Rhabarber- und Apfelstücke, Zucker und Essigessenz in einem großen Topf mit ¼ l Wasser aufkochen und 1 Stunde bei mittlerer Hitze zu einem dicken Brei einkochen lassen. Ingwerpulver, Mandelstifte, klein geschnittene Pflaumen, Rosinen und Senfkörner zugeben und weitere 60 Minuten kochen lassen. Kurz vor Ende der Garzeit mit Cayennepfeffer würzen. Das heiße Chutney in vorbereitete Gläser füllen und sofort verschließen (siehe S. 21, Das Einfüllen in die Gläser). Abkühlen lassen und kühl stellen.

TIPP

Dieses Chutney schmeckt besonders gut zu gegrillten Fisch-, Fleisch- und Wildspeisen. Dunklen Saucen gibt das Rhabarber-Chutney eine besondere Würze.

Stachelbeer-Chutney

ERGIBT 3–4 GLÄSER VON JE 450 G

1 kg grüne Stachelbeeren, 1 unbehandelte Zitrone, 4 mittelgroße Zwiebeln, 60 g Zucker, 50 g frischer Ingwer, ½ TL Piment, 1 TL gemahlene Kurkuma (Gelbwurz), 1 TL mildes Currypulver, 1 TL körniger Senf, 2 EL Essig, 1 TL Honig

Die Stachelbeeren waschen, abtropfen lassen und putzen. Von der Zitrone die Schale dünn abreiben, den Saft auspressen. Die Zwiebeln schälen und fein würfeln. ½ l Wasser mit dem Zucker in einem großen Topf aufkochen. Die Stachelbeeren darin zugedeckt etwa 10 Minuten weich kochen. Den Ingwer schälen und fein reiben. Mit den Zwiebelwürfeln, Zitronensaft und -schale, Gewürzen, Senf, Essig und Honig zu den Stachelbeeren geben. Alles ohne Deckel etwa 25 Minuten köcheln lassen, bis eine dickliche Masse entsteht. Zwischendurch hin und wieder umrühren. Das heiße Chutney in vorbereitete Gläser füllen und sofort verschließen (siehe S. 21, Das Einfüllen in die Gläser). Abkühlen lassen und kühl stellen.

TIPP

Statt des frischen Ingwers können Sie auch in Sirup eingelegten Ingwer verwenden, den Sie sehr fein hacken.

Pflaumen-Äpfel-Chutney

ERGIBT ETWA 6 GLÄSER VON JE 450 G

1 kg Pflaumen, 1 kg säuerliche Äpfel (z. B. Boskop), 500 g Zwiebeln, 2 Knoblauchzehen, 50 g frischer Ingwer, 1 EL Senfkörner, 1 EL Salz, ¼ l Rotweinessig, 300 g brauner Zucker

Die Pflaumen abbrausen, trocken tupfen, vierteln, entstielen und entsteinen. Äpfel schälen, vom Kerngehäuse befreien und grob klein schneiden. Zwiebeln und Knoblauchzehen schälen. Zwiebeln und Ingwer in dünne Scheiben schneiden. Pflaumen, Äpfel, Zwiebeln, Knoblauchzehen, Ingwer, Senfkörner und Salz in einem großen Topf bei geringer Hitze unter Rühren aufkochen und 30 Minuten köcheln lassen. Dann Essig und Zucker zugeben und das Chutney weitere 30–45 Minuten kochen, bis die Masse dicklich wird und der Essig ganz aufgesogen ist. Dabei ab und zu umrühren. Das heiße Chutney in vorbereitete Gläser füllen und sofort verschließen (siehe S. 21, Das Einfüllen in die Gläser). Abkühlen lassen und kühl stellen.

TIPP

Auch Chilischoten, ganz klein gehackt, schmecken gut in diesem Chutney.

Apfel-Mango-Chutney

ERGIBT 2–3 GLÄSER VON JE 450 G

1 Mango (500 g), 4 mittelgroße Äpfel (à 250 g), 1 kandierte Ingwerpflaume, 400 g Zucker, 1 Prise gemahlene Nelken, etwas frisch geriebene Muskatnuss, 100 g ungeschwefelte Rosinen, 2 EL Essigessenz (25 %), 1 EL Maraschino

Mango und Äpfel schälen. Das Fruchtfleisch der Mango in Spalten vom Stein schneiden. Die Äpfel vom Kerngehäuse befreien und würfeln. Den abgetropften Ingwer fein schneiden und in einem großen Topf mit den Mango- und Apfelstücken mischen. Mit einer ¾ Tasse Wasser auffüllen; ¾ des Zuckers, die Gewürze und die gewaschenen, gut trocken getupften Rosinen unterrühren. Alles bei mittlerer Hitze 30–40 Minuten köcheln lassen. Die Essigessenz und den restlichen Zucker zufügen. Mit Maraschino abschmecken. Das heiße Chutney in vorbereitete Gläser füllen und sofort verschließen (siehe S. 21, Das Einfüllen in die Gläser). Abkühlen lassen und kühl stellen.

TIPP

Statt des Maraschino können Sie auch Portwein (Tawny oder Ruby) verwenden.

Kürbis-Apfel-Chutney

ERGIBT ETWA 5 GLÄSER VON JE 225 G

3 mittelgroße Zwiebeln (120 g), 3 EL Pflanzenöl, 800 g Kürbis, 3 große Äpfel (insgesamt 450 g), 1 Stück frischer Ingwer (4 cm), 1 unbehandelte Zitrone, 1 Zimtstange, 1 TL gemahlener Koriander, 150 g Zucker, 1 Prise Salz

Die Zwiebeln schälen und fein würfeln. Das Öl in einem großen Topf erhitzen und die Zwiebelwürfel darin goldgelb werden lassen. Den Kürbis von Schale und Samen befreien und in kleine Würfel schneiden (sollte etwa 500 g Fruchtfleisch ergeben). Die Äpfel schälen, vierteln, vom Kerngehäuse befreien und grob klein schneiden. Den Ingwer schälen und in Scheiben schneiden. Von der Zitrone die Schale dünn abreiben und den Saft auspressen. Kürbis- und Apfelstücke, Ingwerscheiben, Zitronensaft und -schale mit den Gewürzen, Zucker und Salz zu den Zwiebeln geben, aufkochen und zugedeckt etwa 40 Minuten köcheln lassen, dabei gelegentlich umrühren. Der Kürbis darf noch etwas stückig, die Äpfel dagegen sollten zerkocht sein. Das heiße Chutney in vorbereitete Gläser füllen und sofort verschließen (siehe S. 21, Das Einfüllen in die Gläser). Abkühlen lassen und kühl stellen.

Pfirsich-Feigen-Chutney

ERGIBT 2–3 GLÄSER JE 450 G

500 g Pfirsiche, 200 g Feigen, 200 g Weißweinessig, 50 ml Pfirsichsaft, 2 TL Chilipulver, Salz, weißer Pfeffer, 250 g Gelierzucker Extra

Pfirsiche und Feigen waschen, trocken tupfen, die Pfirsiche entsteinen und beides klein würfeln. Die Früchte zusammen mit allen anderen Zutaten in einen großen Topf geben und zum Kochen bringen. Alles unter Rühren 15 Minuten kochen lassen. Das heiße Chutney in vorbereitete Gläser füllen und sofort verschließen (siehe S. 21, Das Einfüllen in die Gläser). Abkühlen lassen und kühl stellen.

ÜBRIGENS

Chilischoten sind mit der Paprika verwandt. Sie werden auch spanischer Pfeffer genannt. Höllenscharf sind die 2 cm langen, orangeroten bis gelben, spitz zulaufenden Schoten, aus denen, getrocknet und gemahlen, Cayennepfeffer gemacht wird. Nach dem Putzen der Chilis mit den Händen nicht in Augennähe kommen! Die Hände nach dem Schneiden gründlich waschen oder mit Haushaltshandschuhen arbeiten.

Aprikosen-Relish

ERGIBT ETWA 4 GLÄSER VON JE 225 G

500 g reife Aprikosen, 2 mittelgroße Zwiebeln (ca. 125 g), 250 g reife Tomaten, 1 Knoblauchzehe, 1 Stück frischer Ingwer (4 cm), frisch gemahlener schwarzer Pfeffer, ¼ TL gemahlener Koriander, Salz, 60 ml Essig, 125 g brauner Zucker (Kandisfarin), 4 EL weißer Rum oder Gin

Die Aprikosen gründlich waschen, trocken tupfen, halbieren und entsteinen. Zwiebeln schälen, grob schneiden und in kochendem Wasser etwa 10 Minuten ziehen lassen. Abtropfen und abkühlen lassen. Die Tomaten obenauf kreuzweise einritzen, mit kochendem Wasser überbrühen, kalt abschrecken, häuten, vierteln und vom Stielansatz befreien. Zusammen mit Aprikosen und Zwiebeln im Mixer fein pürieren. Die Knoblauchzehe schälen und zerdrücken. Ingwer schälen und fein reiben. Beides unter das Obstpüree rühren. Mit Pfeffer, Koriander und Salz würzen. Alles in einen großen Topf füllen und unter Rühren aufkochen lassen. Essig, braunen Zucker und Rum oder Gin zufügen und bei geringer Hitze köcheln lassen, bis sich der Zucker aufgelöst hat. Dabei ständig rühren. Das heiße Relish in vorbereitete Gläser füllen und sofort verschließen (siehe S. 21, Das Einfüllen in die Gläser). Abkühlen lassen und kühl stellen.

TIPP

Das Relish passt gut zu geräucherter Putenbrust und gebratenem Fisch, z. B. Steinbutt.

Zucchini-Relish mit Knoblauch

ERGIBT 4–5 GLÄSER VON JE 450 G

1 kg Zwiebeln, 1 kg Zucchini, ⅛ l extra natives Olivenöl, 5 Knoblauchzehen, 2 rote Chilischoten, ⅛ l trockener Sherry, 2 EL Essigessenz (25 %), Salz, frisch gemahlener weißer Pfeffer, 3–4 EL Zucker

Die Zwiebeln schälen und fein würfeln. Zucchini schälen, vom Stiel- und Blütenansatz befreien und fein würfeln. Öl in einem großen Topf erhitzen, das Gemüse darin unter Wenden 20 Minuten dünsten. Knoblauch schälen und zerdrücken, Chilischoten in sehr feine Streifen schneiden. Beides mit Sherry, Essigessenz, Salz, Pfeffer und Zucker unter das Relish rühren. Weitere 30 Minuten köcheln lassen. Mit einem Mixstab zerkleinern, bis alles musig ist. Die heiße Fruchtmasse in vorbereitete Twist-off-Gläser füllen und sofort verschließen (siehe S. 21, Das Einfüllen in die Gläser). Abkühlen lassen und kühl stellen.

TIPP

Wer es nicht so scharf mag, entkernt die Chilischoten oder lässt sie weg.

Eingelegtes Gemüse & Obst

Gewürzgurken

ERGIBT 6–7 GLÄSER VON JE 450 G

2½ kg Einlegegurken, 3 EL Salz, 250 g rote Zwiebeln, einige Pimentkörner, 30 g weiße Pfefferkörner, 3 Dillblüten, 1 Bund frischer Dill, 1 l Weinessig, 40 g Salz, 125 g Zucker, 1 Päckchen Gurken-Einmachhilfe

Die Gurken gründlich waschen und abbürsten. In ein großes Gefäß geben und mit 3 Esslöffeln Salz bestreuen. Mit Wasser bedecken und 24 Stunden ziehen lassen. Am nächsten Tag die Gurken herausnehmen, abspülen und trocken tupfen. Zwiebeln schälen und in schmale Streifen schneiden. Gurken, Zwiebelstreifen, Gewürze und Kräuter in mit heißem Wasser ausgespülte Schraubgläser geben. 2 l Wasser mit Essig, dem verbliebenen Salz, Zucker und Einmachhilfe aufkochen, abkühlen lassen und über die Gurken gießen. Die Gläser mit Deckeln verschließen und kühl und dunkel stellen. Nach 4 Wochen darf probiert werden.

ÜBRIGENS

Die Einlegegurken sollten beim Einkauf eine kräftige grüne Färbung und unverletzte Schalen haben. Wenn sie nicht frisch am Einkaufstag verwendet werden, können sie 2–3 Tage im Gemüsefach des Kühlschrankes aufbewahrt werden.

Salzgurken

ERGIBT ETWA 1 KG

1 kg Einlegegurken (ca. 15 cm lang), 4 Dillblüten, je 5–6 Sauerkirsch- und Weinblätter, je 2 Stängel Basilikum und Estragon, 50 g Salz

Die Gurken unter fließendem kaltem Wasser waschen und mit Wasser bedeckt über Nacht stehen lassen. Dillblüten, Kirsch- und Weinblätter, Basilikum und Estragon abbrausen und trocken tupfen. Die Basilikum- und Estragonblättchen von den Stängeln zupfen. Alle Zutaten in einen Steinguttopf schichten, dabei mit den Kräutern beginnen und mit den Blättern oben abschließen. Das Salz in ¾ l Wasser auflösen und über die Gurken gießen. Einen Teller umgedreht obenauf legen und mit einem Gewicht oder Stein beschweren. Den Topf mit Einmachfolie verschließen und mindestens 4 Wochen an einen kühlen Ort stellen, bevor das erste Mal probiert werden darf. Salzgurken halten sich 3 Monate.

Senfgurken

ERGIBT 7–8 GLÄSER VON JE 450 G

2,5 kg große, feste gelbe Gurken, 75 g Salz, ⅛ l Essig, 125 g kleine Zwiebeln (Schalotten oder Perlzwiebeln), 1 Stück Meerrettich (40 g), 8 weiße Pfefferkörner, 1 Dillblüte, 50 g Senfkörner, 2 kleine Lorbeerblätter, ½ l Weinessig, 200 g Zucker, je 1 Päckchen Einmach- und Einkochhilfe

Die Gurken schälen, halbieren, entkernen und in 2 cm breite Stücke schneiden. Die Gurkenstücke in ein großes Gefäß geben, mit Salz bestreuen und zugedeckt 12 Stunden durchziehen lassen. Danach die Flüssigkeit weggießen. Die Gurkenstücke trocken tupfen, in eine Schüssel legen und mit heißem Essig übergießen. Weitere 24 Stunden zugedeckt ziehen lassen. Am nächsten Tag die Zwiebeln schälen. Meerrettich schälen und in Scheiben schneiden. Gurken, Zwiebeln, Pfefferkörner, Dillblüte und Meerrettichscheiben in mit heißem Wasser ausgespülte, abgetropfte Schraubgläser füllen. Senfkörner und Lorbeerblätter darüber verteilen. Weinessig mit ¼ l Wasser und Zucker aufkochen, Einmach- und Einkochhilfe einrühren. Die Flüssigkeit abgekühlt über die Gurken gießen, sodass alles bedeckt ist. Die Gläser mit Deckeln verschließen.

ÜBRIGENS

Von Hochsommer bis Herbst gibt es diese dicken, walzenförmigen gelben Schäl- oder Senfgurken. Wie der Name schon sagt, müssen sie immer geschält und mithilfe eines Esslöffels entkernt werden.

Süßsauer eingelegter Kürbis

ERGIBT ETWA 4 GLÄSER VON JE 500 G

2,5 kg Kürbis, ½ l Weißweinessig, 1 Stück frischer Ingwer (4 cm), 1,2 kg Einmachzucker, Saft von 1 Zitrone, 1 Stück unbehandelte Zitronenschale, 1 Zimtstange

Den Kürbis schälen und die Samen herauslösen. Das Fleisch in 2 cm große Würfel schneiden und in eine Schüssel geben. Essig mit ½ l Wasser in einem Topf aufkochen und über die Kürbisstücke gießen. Zugedeckt über Nacht durchziehen lassen. Den Ingwer schälen und in dünne Scheiben schneiden. Die Kürbisstücke auf ein Sieb schütten und abtropfen lassen, das Essigwasser in einen Topf geben. Zucker, Zitronensaft und -schale sowie Zimtstange zugeben und alles unter Rühren aufkochen lassen. Die Kürbisstücke zugeben und in dem Sud glasig werden lassen. Mit einem Schaumlöffel wieder herausheben und in heiß ausgespülte, gut abgetropfte Schraubgläser füllen. Die Zuckerlösung noch 5 Minuten leicht einkochen lassen, dann über die Kürbisstücke gießen und die Gläser verschließen. Die Früchte in den Gläsern 3 Tage durchziehen lassen. Dann die Flüssigkeit abgießen, aufkochen und wieder über die Kürbiswürfel geben. Die Gläser wieder verschließen und an einem kühlen und luftigen Ort lagern.

TIPP

Sie können die Zitronenschale und die Zimtstange in entsprechend viele Stücke schneiden und auf die Gläser verteilen. Sie tun dem Kürbis gut.

Süßsauer eingelegte Tomaten

ERGIBT ETWA 3 GLÄSER VON JE 500 G

1 kg nicht zu reife Tomaten, 375 ml Weinessig, 2 Zwiebeln, 500 g Einmachzucker, 6 Nelken, 2 EL gemahlener Koriander, 1 Zimtstange, ½ EL Salz, Saft und fein abgeriebene Schale von 1 unbehandelten Zitrone

Die Tomaten waschen, von den Stielansätzen befreien, in einem Gefäß mit Weinessig übergießen und über Nacht zugedeckt stehen lassen. Am nächsten Tag die Zwiebeln schälen. Den Essig von den Tomaten in einen Topf abgießen und mit Zucker, Zwiebeln, Gewürzen und Zitronensaft und -schale aufkochen. Die Tomaten mit einem Schaumlöffel portionsweise in die Essig-Zucker-Lösung legen, aufkochen lassen, herausnehmen und in mit heißem Wasser ausgespülte, abgetropfte Gläser schichten. Die Flüssigkeit noch etwas einkochen lassen. Dann über die Tomaten gießen, sodass die Früchte bedeckt sind. Die Gläser sofort mit Deckeln verschließen. Abkühlen lassen und kühl und dunkel aufbewahren.

Ingwermöhren

ERGIBT 1 GLAS VON 1 L

1 kg Finger- oder Babymöhren, 5 EL Essigessenz (25 %), Salz, 150 g Zucker, ½ TL Ingwerpulver

Die Möhren schälen bzw. putzen, mit kaltem Wasser aufsetzen, kurz aufkochen lassen, abgießen und mit kaltem Wasser abschrecken. Essigessenz, Salz, Zucker und Ingwerpulver mit ⅜ l Wasser in einem Topf aufkochen lassen. Die Möhren zugeben und in etwa 5 Minuten halb gar kochen, dann im Kochsud abkühlen lassen. Möhren und Sud in ein heiß ausgespültes, abgetropftes, ausreichend großes Glas füllen, verschließen und im Kühlschrank 3 Tage durchziehen lassen. Den Essigsud abgießen, in einem Topf erneut aufkochen und wieder über die Möhren gießen. Das Glas erneut verschließen und an einem kühlen und luftigen Ort aufbewahren.

Sherry-Schalotten

ERGIBT 3 GLÄSER VON JE 500 G

1 kg kleine Schalotten, 6 Salbeiblättchen, 200 ml Sherryessig, 10 g Salz, 200 g Zucker, 4 Lorbeerblätter, 4 Nelken, 10 schwarze Pfefferkörner, dünn abgeschälte Schale von 1 unbehandelten Orange, ca. ¼ l trockener Sherry

Die Schalotten schälen. Die Salbeiblättchen abbrausen und trocken tupfen. Essig und Salz mit der Hälfte des Zuckers in einem Topf aufkochen lassen. Gewürze, Salbeiblättchen, Orangenschale und Schalotten zugeben und darin 10 Minuten bei niedriger Hitze kochen lassen. Schalotten und Gewürze mit einer Schaumkelle aus dem Sud heben und gut abtropfen lassen. Den restlichen Zucker in einem anderen Topf bei geringer Hitze karamellisieren lassen. Den Topf vom Herd nehmen, Schalottenkochsud unter Rühren zugießen, bis sich das Karamell gelöst hat. Schalotten und Gewürze zugeben und 5 Minuten kochen lassen. Vom Herd nehmen, den Sherry zugießen und alles in heiß ausgespülte, abgetropfte Gläser füllen und sofort verschließen.

VARIANTE

Für Kräuter-Schalotten nehmen Sie statt Sherryessig Kräuteressig und statt Sherry 1 Packung italienische TK-Kräuter.

Knoblauch in Balsamico

ERGIBT 1 GLAS VON 500 G

2 frische Knoblauchknollen (ca. 200 g), 3 Zweige Rosmarin, ⅛ l weißer Balsamico, 200 ml trockener Weißwein, 2 EL Zucker, 1 Prise Salz

Die Knoblauchknollen in Zehen teilen und schälen. Den Rosmarin abbrausen, trocken tupfen und die Nadeln abzupfen. Balsamico und Weißwein mit 100 ml Wasser, Zucker und Salz in einem Topf aufkochen. Die Knoblauchzehen hineingeben und etwa 3 Minuten kochen lassen. Dann die Rosmarinnadeln zufügen. Die Knoblauchzehen mit dem Sud in ein heiß ausgespültes, gut abgetropftes Glas füllen und sofort verschließen. An einem kühlen und luftigen Ort 3 Wochen durchziehen lassen.

TIPP

Die Zugabe von 1–2 in feine Streifen geschnittenen Chilischoten macht die Knoblauchzehen richtig scharf.

Dicke Bohnen mit Salbei

ERGIBT 3–4 GLÄSER VON JE 450 G

600 g Dicke Bohnen (gepalt gewogen), 100 g Perlzwiebeln, 1 Teilstrich Essigessenz (25 %), 1 TL Salz, 1 EL Zucker, 1 TL Senfkörner, 8 Salbeiblättchen

Dicke Bohnen waschen und abtropfen lassen. Perlzwiebeln schälen. Essigessenz mit 1 l Wasser, Salz, Zucker und Senfkörnern aufkochen. Die dicken Bohnen etwa 15 Minuten in dem Sud köcheln lassen. Mit einem Schaumlöffel herausheben und abtropfen lassen. Die Zwiebeln ebenfalls 5 Minuten in dem Sud garen. Alles zusammen mit den Salbeiblättchen in mit heißem Wasser ausgespülte, abgetropfte Gläser füllen. Den Sud noch einmal etwa 5 Minuten einkochen lassen und heiß über die Bohnen-Zwiebel-Mischung geben. Die Gläser mit Deckeln verschließen, abkühlen lassen und kühl und dunkel lagern.

TIPP

Wenn Sie die Bohnenkerne nicht ausgelöst kaufen, brauchen Sie 4 kg dicke Bohnen in Schoten. Nicht nur, dass Sie eine Menge Abfall beseitigen müssen, Sie benötigen auch etwa 2 Stunden, um die Kerne aus den Hülsen zu bekommen ...

Eingelegte Champignons

ERGIBT 2–3 GLÄSER VON JE 450 G

1 kg kleine Champignons, 5 kleine Schalotten, 3 Knoblauchzehen, ½ l Kräuteressig, 4 Nelken, 8 weiße Pfefferkörner, 1 kleines Lorbeerblatt, 2 TL Salz, 8 EL extra natives Olivenöl

Die Champignons mit Küchenpapier abreiben und die Stiele kürzen. Schalotten und Knoblauchzehen schälen und mit dem Kräuteressig, ¼ l Wasser und den Gewürzen aufkochen. Die Hitze reduzieren und die Pilze in der Flüssigkeit 8–10 Minuten (je nach Größe) ziehen lassen – nicht kochen! Pilze, Zwiebeln und Knoblauchzehen in mit heißem Wasser ausgespülte, abgetropfte Gläser schichten, die Flüssigkeit abgekühlt darübergießen. Olivenöl vorsichtig zugießen. Die Gläser sofort verschließen, abkühlen lassen und kühl aufbewahren. Angebrochene Gläser auf jeden Fall im Kühlschrank aufbewahren.

ÜBRIGENS

Wichtig für Pilzsammler: Der Wiesenchampignon kann von ungeübten Sammlern leicht mit dem giftigen Knollenblätterpilz verwechselt werden. Achten Sie auf die Lamellen. Bei jungen Pilzen sind sie rosa, bei älteren schokoladenbraun, jedoch niemals weiß wie beim Knollenblätterpilz. In Zweifelsfällen die Pilzsammelstelle (steht im örtlichen Telefonbuch) aufsuchen.

Wilde Champignons sind nicht frei von Schadstoffen. Essen Sie davon möglichst nicht mehr als 200–250 g pro Woche.

Senffrüchte

ERGIBT ETWA 3 GLÄSER VON JE 450 G

1 Stück frischer Ingwer (ca. 2 cm), 250 g Zucker, ⅜ l Weinessig, ¼ l Weißwein, 1 Vanilleschote, 1 Zimtstange, 6 Nelken, 5 Scheiben Ananas aus der Dose, 125 g getrocknete Aprikosen, 125 g getrocknete Pflaumen, 75 g Rosinen, 2 EL Senfpulver

Den Ingwer schälen und fein würfeln. Mit Zucker, Weinessig, Weißwein, der längs aufgeschlitzten Vanilleschote, Zimtstange und Nelken in einen Topf geben, aufkochen und 5 Minuten bei geringer Hitze kochen lassen. Ananasscheiben abtropfen lassen und in Stücke von 1 cm Größe schneiden. Aprikosen und Pflaumen vierteln. Mit den gewaschenen und trocken getupften Rosinen in den Sud geben und bei geringer Hitze 10 Minuten kochen. Vom Herd nehmen und zugedeckt 24 Stunden stehen lassen. Am nächsten Tag die Früchte in ein Sieb geben. Den Sud in einem Topf auffangen, erhitzen und bei geringer Hitze weitere 10 Minuten kochen lassen. Das Senfpulver einrühren. Die Früchte in heiß ausgespülte, abgetropfte Gläser geben und mit dem Sud begießen. Gläser sofort verschließen. Die Senffrüchte halten sich bis zu 3 Monate. Zum Entnehmen der Früchte keinen Holzlöffel verwenden.

TIPP

Senffrüchte schmecken gut zu gebratenem Wild, zu Geflügel oder kalten Pasteten.

Sauerkraut

ERGIBT ETWA 5 L

5 kg Weißkohl, 50 g Salz, 5 Lorbeerblätter, 1½ EL Wacholderbeeren, 1 TL Senfkörner

Die Kohlköpfe von welken Blättern befreien, vierteln und den Strunk keilförmig herausschneiden. Die Kohlviertel mit einem scharfen Messer oder einem Hobel in feine Streifen schneiden. Die Krautstreifen portionsweise mit je 1 guten Prise Salz und den Lorbeerblättern, Wacholderbeeren und Senfkörnern in einen vorbereiteten Steinguttopf schichten und jeweils einstampfen. Dabei soll so viel Flüssigkeit austreten, dass der Kohl im Topf davon völlig bedeckt ist. Dann mit einem umgedrehten Teller abdecken und mit einem Stein oder Gewicht beschweren. Den Topf mit Einmachfolie verschließen. Das Kraut an einem kühlen, dunklen Ort (etwa 15 °C) etwa 5 Wochen stehen lassen. Nach 2–3 Tagen den entstandenen Schaum abschöpfen. Diesen Vorgang nach einer Woche und dann jeden zweiten Tag wiederholen. Den Topf immer wieder mit der Einmachfolie verschließen. Das Sauerkraut ist fertig, wenn sich kein Schaum mehr bildet. Sie können es im Steinguttopf aufbewahren oder in Schraubgläser umfüllen.

Zimtäpfel

ERGIBT 1 GLAS VON 450 G

10 kleine Äpfel (z. B. Ingrid Marie) von je 50 g, etwas Zitronensaft, 4 EL Essigessenz (25 %), ½ l Apfelsaft, 300 g brauner Zucker, 1 Zimtstange, 1 TL Nelken

Die Äpfel schälen und achteln, dabei das Kerngehäuse entfernen. Die Apfelstücke in eine Schüssel mit Wasser und etwas Zitronensaft legen. Essigessenz mit Apfelsaft, Zucker, Zimtstange und Nelken in einem Topf aufkochen. Apfelstücke zugeben und in etwa 8 Minuten nicht zu weich garen. In ein heiß ausgespültes, gut abgetropftes Twist-off-Glas füllen und sofort verschließen. An einem kühlen und luftigen Ort aufbewahren.

Eingelegte Kochbirnen

ERGIBT 1 GLAS VON 1 L

1,2 kg kleine feste Kochbirnen, etwas Zitronensaft, 1 Vanilleschote, 4 EL Essigessenz (25 %), 500 g Zucker, 1 Zimtstange, 2 Stück Sternanis, 1 Stück unbehandelte Zitronenschale, 1 TL Nelken

Die Birnen schälen, dabei aber den Stiel nicht entfernen. Die Früchte rundherum mit einer Nadel einstechen und in eine Schüssel mit Wasser und etwas Zitronensaft legen, damit sie nicht braun werden. Die Vanilleschote längs aufschlitzen. Essigessenz mit ½ l Wasser, Zucker, Vanilleschote, Zimtstange, Sternanis, Zitronenschale und Nelken in einem Topf aufkochen lassen. Die Birnen zufügen und 15–20 Minuten in der Flüssigkeit garen. Den Topf dabei hin und wieder vorsichtig schwenken. Die Birnen mit einer Schaumkelle aus dem Sud heben und in ein heiß ausgespültes, gut abgetropftes Glas füllen. Den Sud durch ein Sieb gießen und die Gewürze entfernen, noch einmal aufkochen und etwa 5 Minuten einkochen lassen, dann heiß über die Früchte gießen. Das Glas verschließen, abkühlen lassen und an einem kühlen und luftigen Ort aufbewahren.

TIPP

Eingelegte Kochbirnen bilden eine hervorragende Beilage zu gebratenem Fleisch.

VARIANTE

Sie können statt des Zuckers auch 500 g weißen Kandiszucker verwenden.

Eingelegte Aprikosen mit Ingwer und Vanille

ERGIBT 3–4 GLÄSER VON JE 450 G

1,5 kg Aprikosen, 3 Stück eingelegter Ingwer mit 3 EL Sirup, 4 EL Essigessenz (25 %), 400 g Zucker, 1 Vanilleschote

Aprikosen waschen, halbieren und entsteinen. Den Ingwer in Scheiben schneiden. Essigessenz, Zucker, Ingwerscheiben, Sirup und klein geschnittene Vanilleschote in einen Topf mit ½ l Wasser geben und zum Kochen bringen. Aprikosen zugeben und zugedeckt einmal aufkochen lassen. Mit einer Schaumkelle wieder herausheben und in mit heißem Wasser ausgespülte, abgetropfte Gläser füllen. Den Sud im offenen Topf 15 Minuten stark einkochen lassen und dann über die Aprikosen gießen. Die Gläser mit Deckeln verschließen und kühl und dunkel lagern.

TIPP

Sehr reife Früchte sollten Sie nicht kochen, sondern gleich in die Gläser füllen und mit dem heißen Sud übergießen.

Würzige Essige, Öle & Pestos

Kräuter-essig

ERGIBT ETWA 1 L

Je 1 Bund glatte Petersilie, Dill und Basilikum, 2 Knoblauchzehen, 1 l Weißweinessig

Die Kräuter nicht waschen, nur gegebenenfalls trocken tupfen. Die Knoblauchzehen schälen und mit den Kräutern in eine saubere, trockene weithalsige Flasche füllen. Den Weinessig zugießen. Die Flasche verschließen und bei Zimmertemperatur mindestens 14 Tage stehen lassen. Zwischendurch hin und wieder schwenken. Dann den Essig durch ein feines Sieb oder ein sauberes Tuch seihen, in eine passende dekorative Glasflasche umgießen und diese verschließen.

VARIANTE

Folgende Kräuter können Sie für aromatisierte Essige ebenfalls kombinieren: Melisse und Estragon; Dill, Estragon und Pimpinelle.

Zitronen-essig

ERGIBT ETWA 1 L

2 unbehandelte Zitronen, 1 l Weißweinessig

Die Zitronen waschen, trocken reiben und die Schale ohne das Weiße dünn abschälen. 1 Zitrone auspressen und den Saft durch ein Sieb geben, die andere anderweitig verwenden. Die Zitronenschale in eine saubere, trockene weithalsige Flasche geben, Zitronensaft und Weißweinessig zugießen. Die Flasche verschließen und bei Zimmertemperatur 8 Tage stehen lassen. Dann die Zitronenschale entfernen und den Essig weitere 3 Wochen durchziehen lassen.

TIPP

Sollte der Essig nach einiger Zeit nicht mehr intensiv genug schmecken, geben Sie wieder etwas durchgeseihten Zitronensaft dazu.

VARIANTE

Sie können dem Essig einen Zweig Thymian oder auch einen Stängel Zitronenmelisse zufügen. Die Kräuter sollten aber immer von Flüssigkeit bedeckt sein. Eventuell den Essig abseihen und in eine neue Flasche umfüllen.

orange-
vinegar

Orangen-essig

ERGIBT ETWA ½ L

1 unbehandelte Orange, 100 ml Essigessenz (25 %), 300 ml trockener Weißwein, 1 EL Orangensaft

Die Orange waschen, trocken reiben und die Haut ohne das Weiße dünn abschälen. Die Schale in eine saubere, trockene weithalsige Flasche geben. Essigessenz mit 100 ml Wasser, Wein und Orangensaft verrühren und über die Orangenschale gießen. Die Flasche verschließen und bei Zimmertemperatur 8 Tage stehen lassen. Während dieser Zeit gelegentlich schwenken. Dann die Orangenschale entfernen und den Essig weitere 3 Wochen durchziehen lassen.

TIPP

Sollte der Essig nach einiger Zeit an Aroma verlieren, geben Sie etwas durchgeseihten Orangensaft dazu.

Himbeer-essig

ERGIBT ETWA ¾ L

600 g reife Himbeeren, gut ½ l Weißweinessig

Die Himbeeren verlesen, aber nicht waschen, sondern nur mit einem Tuch abtupfen. Dann in eine weithalsige saubere, trockene Flasche füllen. Den Weißweinessig angießen, die Flasche verschließen und bei Zimmertemperatur 8 Tage stehen lassen. Zwischendurch gelegentlich schwenken. Dann den Essig durch ein feines Sieb oder ein sauberes Tuch seihen, in eine passende dekorative Glasflasche umgießen und diese verschließen.

TIPP

Dieser Himbeeressig eignet sich besonders für die Zubereitung von feinen Salatsaucen und zum Ablöschen von Gebratenem wie Geflügelleber oder Steaks.

VARIANTE

Je 100 ml Essigessenz (25 %) und Wasser mit 300 ml Roséwein verrühren. 125 g vorbereitete frische Himbeeren in eine Flasche geben, darüber das Essiggemisch gießen. In der verschlossenen Flasche etwa 8 Tage durchziehen lassen.

Holunderbeer-essig

ERGIBT ETWA ½ L

1–2 Holunderbeerendolden, 100 ml Essigessenz (25 %), 300 ml leichter Rotwein

Die Holunderbeerendolden abbrausen, gut abtropfen lassen, die Beeren abzupfen und vorsichtig trocken tupfen. Dann in eine saubere, weithalsige und trockene Flasche füllen. Essigessenz mit 100 ml Wasser und dem Rotwein verrühren und über die Holunderbeeren geben. Den Essig in der verschlossenen Flasche bei Zimmertemperatur 8 Tage durchziehen lassen. Zwischendurch die Flasche gelegentlich schwenken. Dann den Essig durch ein feines Sieb oder ein sauberes Tuch seihen, in eine passende dekorative Glasflasche umgießen und diese verschließen.

TIPP

Lassen Sie sich nicht von den Holunderblüten auf dem Bild irritieren: Hier sind tatsächlich Beerendolden gemeint, wie sie auf dem Foto von S. 51 abgebildet sind.

Basilikumöl

ERGIBT ETWA ½ L

4–5 Stängel Basilikum, ½ l Sojaöl

Das Basilikum nicht waschen, nur eventuell trocken tupfen und in eine saubere, trockene weithalsige Flasche geben. Das Öl darübergießen und die Flasche verschließen. Die Kräuterstängel müssen ganz von Öl bedeckt sein. Bei Zimmertemperatur 3 Wochen durchziehen lassen. Das Öl dann durch ein feines Sieb oder ein sauberes Tuch seihen, in eine passende dekorative Glasflasche umgießen und diese verschließen. Kühl und dunkel lagern.

TIPP

Auf die gleiche Weise können Sie auch Estragonöl herstellen.

Knoblauchöl

ERGIBT ETWA ½ L

1 Knoblauchknolle, ½ l Olivenöl

Die Knoblauchknolle in Zehen teilen, diese schälen und halbieren. In eine saubere, trockene weithalsige Flasche geben und mit dem Olivenöl auffüllen. Vor der Verwendung 3 Tage bei Zimmertemperatur durchziehen lassen. Die Knoblauchzehen nach etwa 1 Woche entfernen, sonst wird das Aroma zu stark. Das Öl am besten kühl und dunkel lagern.

TIPP

Knoblauchöl eignet sich perfekt zum Beträufeln von selbst gemachter Pizza, Focaccia oder Bruschetta. Wer mag, kann zusätzlich noch eine längs halbierte rote Chilischote (samt Samen) und 2 Zweige Thymian zufügen.

Salbeiöl

ERGIBT ETWA ½ L

1 Stängel Salbei (mit mindestens 10–15 Blättchen), ½ l Soja- oder Rapsöl

Den Salbei nicht waschen, nur eventuell trocken tupfen und in eine saubere, trockene weithalsige Flasche geben. Das Sojaöl darübergießen, der Kräuterstängel sollte ganz davon bedeckt sein. Das Öl in der verschlossenen Flasche bei Zimmertemperatur 8 Tage durchziehen lassen. Dann durch ein feines Sieb oder ein sauberes Tuch seihen, in eine passende dekorative Glasflasche umgießen und diese verschließen. Salbeiöl kühl und dunkel lagern.

VARIANTE

Für Rosmarinöl den Salbeistängel durch 2 Zweige Rosmarin ersetzen. Wer mag, kann in beiden Fällen noch 1–2 geschälte Knoblauchzehen zufügen.

Pfeffriges Öl

ERGIBT ETWA ½ L

6 kleine rote Chilischoten, 1 EL grüner Pfeffer, ½ l Sojaöl

Die Chilischoten waschen, trocken tupfen und längs halbieren (die Kerne nicht entfernen). Zusammen mit dem abgetropften grünen Pfeffer in eine saubere, trockene weithalsige Flasche füllen und das Öl zugießen. Die Flasche verschließen und bei Zimmertemperatur 14 Tage stehen lassen. Dann das Öl durch ein feines Sieb oder ein sauberes Tuch seihen, in eine passende dekorative Glasflasche umgießen und diese verschließen. Das Pfefferöl kühl und dunkel lagern.

TIPP

Pfeffriges Öl können Sie zum Marinieren von Fleisch oder auch für Dressings zu frischen Blattsalaten verwenden.

Provenzalisches Kräuteröl

ERGIBT ETWA ½ L

2 Zweige Rosmarin, 1 Zweig Thymian, 2 Zweige Majoran, ½ l extra natives Olivenöl

Die Kräuter nicht waschen, nur eventuell trocken tupfen und in eine saubere, trockene weithalsige Flasche geben. Das Olivenöl darübergießen, bis die Kräuter ganz bedeckt sind, und das Öl in der verschlossenen Flasche bei Zimmertemperatur 3 Wochen durchziehen lassen. Dann durch ein feines Sieb oder ein sauberes Tuch seihen, in eine passende dekorative Glasflasche umgießen und diese verschließen. Das Kräuteröl kühl und dunkel lagern.

TIPP

Wer mag, kann die Kräuter nach dem Abseihen wieder in das Öl geben. Die Blättchen und Nadeln sollten vorher abgezupft und einige eventuell grob gehackt werden. Provenzalisches Öl eignet sich gut für Salatdressings, zum Marinieren von Gemüse und zum Bestreichen von z. B. Lammbraten.

Dillöl

ERGIBT ETWA 1 L

1 Bund Dill, 1 Lorbeerblatt, 2 TL rosa Pfefferkörner, 1 l Rapsöl

Dill nicht waschen, nur eventuell trocken tupfen und zusammen mit dem etwas zerkleinerten Lorbeerblatt und den Pfefferkörnern in eine saubere, trockene weithalsige Flasche füllen. Das Rapsöl zugießen, bis der Dill ganz bedeckt ist, und in der verschlossenen Flasche bei Zimmertemperatur 3 Wochen durchziehen lassen. Dann das Öl durch ein feines Sieb oder ein sauberes Tuch seihen, in eine passende dekorative Glasflasche umgießen und diese verschließen. Das Dillöl kühl und dunkel lagern.

TIPP

Dillöl eignet sich gut für ein Dressing zu frischen Blattsalaten, besonders wenn diese als Beilage zu Fisch gedacht sind.

Steinpilzöl

ERGIBT ETWA 1 L

20 g getrocknete Steinpilze, 2 TL grobes Meersalz, 2 TL Wacholderbeeren, 1 l Rapsöl

Die Steinpilze mit dem Meersalz und den Wacholderbeeren in eine saubere, trockene weithalsige Flasche füllen. Mit dem Rapsöl übergießen und die Flasche verschließen. Bei Zimmertemperatur 3 Wochen stehen lassen. Dann das Öl durch ein feines Sieb oder ein sauberes Tuch seihen, in eine passende dekorative Glasflasche umgießen und diese verschließen. Steinpilzöl am besten kühl und dunkel lagern.

TIPP

Gebratenem Fleisch, das Sie mit herrlich aromatischem Steinpilzöl bepinseln, verleihen Sie ein besonders exquisites Aroma.

Basilikum-pesto

ERGIBT ETWA 200 G

1 großes Bund Basilikum (mindestens 35–40 Blättchen), 50 g Pecorino- oder Parmesankäse, 1 große Knoblauchzehe, 30 g Pinienkerne, ¼ TL Salz, 100 ml extra natives Olivenöl

Die Basilikumblättchen abzupfen, nach Möglichkeit nicht waschen, sondern nur trocken tupfen und grob schneiden. Den Käse fein reiben. Die Knoblauchzehe schälen und grob hacken. Die Pinienkerne in einer Pfanne ohne Fett unter Wenden hellbraun rösten, anschließend grob hacken. Alle Zutaten mit dem Salz in einen Mörser geben und zu einer feinen Paste zerreiben. Dabei erst einige Tropfen, dann nach und nach das restliche Olivenöl unterrühren. Die nicht ganz so Geduldigen pürieren die Zutaten im Mixer.

TIPP

Sie können auch zur Hälfte Parmesankäse und zur Hälfte nicht zu alten Pecorino verwenden. Das Pesto hält sich länger, wenn Sie den Käse erst kurz vor dem Servieren unterrühren.

ÜBRIGENS

Bei diesem Rezept handelt es sich um das berühmte Pesto alla genovese, die klassische Würzpaste, die in Italien zu Pasta, Gnocchi, Fleisch und Fisch gereicht wird. Es hält sich im Kühlschrank bis zu 10 Tage, wenn die Zutaten trocken waren und Sie dafür sorgen, dass immer eine ordentliche Schicht Olivenöl die Oberfläche bedeckt.

Bärlauch-pesto

ERGIBT ETWA 350 G

100 g Bärlauch, 5 Stängel Petersilie, 1 Knoblauchzehe, 60 g Parmesan, 100 g Pinienkerne, 150 ml extra natives Olivenöl, Salz, frisch gemahlener Pfeffer, 1–2 EL Zitronensaft, etwas abgeriebene Zitronenschale

Bärlauch und Petersilie abbrausen, trocken tupfen und die Blättchen abzupfen. Die Kräuterblättchen sehr fein hacken. Die Knoblauchzehe schälen, den Parmesan in kleine Stücke teilen. Beides mit Pinienkernen und Öl in einen Rührbecher geben und mit dem Mixstab pürieren. Bärlauch und Petersilie untermischen. Das Pesto mit Salz, Pfeffer sowie Zitronensaft und -schale würzen. Das fertige Bärlauchpesto im Kühlschrank aufbewahren und dafür sorgen, dass die Oberfläche immer mit Olivenöl bedeckt ist. Dann hält es sich etwa 1 Woche.

TIPP

Bärlauchpesto ist sehr lecker zu kleinen Muschelnudeln. Mit diesem Gericht lässt sich wunderbar das Frühjahr einläuten, weil man nur dann und nur für kurze Zeit das Kraut mit dem intensiven Knoblauchduft kaufen kann.

ÜBRIGENS

Wer möchte, geht in lichten Wäldern selbst auf die Suche nach Bärlauch. Er sollte vor der Blüte geerntet werden. Vorsicht: Wer sich nicht auskennt, kann Bärlauchblätter leicht mit dem giftigen Grün der Maiglöckchen verwechseln!

Rucola-pesto

ERGIBT ETWA 350 G

3 Handvoll Rucola, 5 Stängel Petersilie, 1 Knoblauchzehe, 60 g Parmesan, 100 g Pinien- oder Kürbiskerne, 150 ml extra natives Olivenöl, Salz, frisch gemahlener Pfeffer, 1–2 EL Zitronensaft, etwas abgeriebene Zitronenschale

Rucola und Petersilie abbrausen, trocken tupfen und von den harten Stielen befreien. Die Blättchen beider Kräuter sehr fein hacken. Den Knoblauch schälen, den Parmesan in kleine Stücke teilen. Beides mit Pinienkernen und Öl in einen Rührbecher geben und mit dem Mixstab pürieren. Rucola und Petersilie untermischen. Das Pesto mit Salz, Pfeffer sowie Zitronensaft und -schale würzen. Das fertige Pesto im Kühlschrank aufbewahren und dafür sorgen, dass die Oberfläche immer mit Olivenöl bedeckt ist. Dann hält es sich etwa 1 Woche.

Brunnenkresse-pesto

ERGIBT ETWA 350 G

20 g gehackte Haselnusskerne, 400 g Brunnenkresse, 1 kleine Knoblauchzehe, 100 ml Sonnenblumenöl, 50 ml extra natives Olivenöl, 50 g frisch geriebener Parmesan, Salz, frisch gemahlener Pfeffer

Die Haselnüsse in einer Pfanne ohne Fett goldbraun rösten und wieder abkühlen lassen. Die Brunnenkresse putzen, dabei die harten Stiele entfernen. Danach waschen und gut abtropfen lassen. Die Hälfte der Blättchen grob hacken. Die Knoblauchzehe schälen und halbieren. Die gehackte Brunnenkresse zusammen mit Sonnenblumenöl, Haselnüssen und Knoblauch in der Küchenmaschine oder mit dem Mixer fein pürieren. Olivenöl und Parmesan unterrühren und das Pesto leicht mit Salz und Pfeffer würzen. Mit einer Schicht Olivenöl bedeckt, hält sich das Pesto im Kühlschrank einige Tage.

TIPP

Versuchen Sie das Brunnenkressepesto einmal zu einer reichhaltigen Fischsuppe!

Petersilien-pesto

ERGIBT ETWA 200 G

1 Bund glatte Petersilie, 1 Knoblauchzehe, 1–2 Sardellenfilets, 2 EL eingelegte Kapern, 2 EL Semmelbrösel, 2 EL Weinessig, Salz, frisch gemahlener weißer Pfeffer, etwas abgeriebene Zitronenschale, 100 ml extra natives Olivenöl

Die Petersilie abbrausen und sehr gut trocken tupfen. Die Blättchen von den Stängeln zupfen und fein hacken. Die Knoblauchzehe schälen und zerdrücken. Die Sardellenfilets waschen, trocken tupfen und grob hacken. Die Kapern abtropfen lassen und ebenfalls grob hacken. Alle Zutaten mit dem Mixstab zu einer feinen Paste pürieren. Diese in eine Schüssel geben, Semmelbrösel und den Weinessig unterrühren. Mit Salz, Pfeffer und Zitronenschale dezent würzen. Das Olivenöl erst tröpfchenweise, danach im feinen Strahl einarbeiten.

Tomaten-pesto

ERGIBT ETWA 600 G

200 g getrocknete Tomaten, ¼ l trockener Weißwein, 100 g Pinienkerne, 2–3 Stängel Basilikum, 100 ml extra natives Olivenöl, 3 EL Tomatenmark (optimal: mit Würzgemüse), 2 Knoblauchzehen, 100 g frisch geriebener Parmesan, frisch gemahlener Pfeffer

Die Tomaten mit dem Weißwein in einen Topf geben und so viel Wasser angießen, dass die Tomaten bedeckt sind. Zum Kochen bringen und 30 Minuten bei geringer Hitze köcheln lassen. Dann die Tomaten aus dem Sud heben und abtropfen lassen, den Sud weggießen. Die Pinienkerne fein hacken. Das Basilikum abbrausen und trocken tupfen. Die Blättchen abzupfen und fein hacken. Tomaten, Olivenöl und Tomatenmark in einen Rührbecher geben. Knoblauch schälen, dazupressen und alles mit dem Mixstab fein pürieren. Pinienkerne, Basilikum und Parmesan gut untermischen. Mit Pfeffer (Vorsichtig: nicht mit Salz, die Tomaten sind selbst schon sehr salzig!) würzen.

TIPP

Das Pesto halt sich mit Olivenöl bedeckt im Kühlschrank mindestens 2 Wochen. Soll es länger haltbar bleiben, den Parmesan erst kurz vor dem Gebrauch zugeben.

Liköre, Aufgesetzte & Co

Cranberry-Wodka-Likör

ERGIBT ETWA ¾ L

100 g Cranberrys, 1 Vanilleschote, abgeriebene Schale von 1 unbehandelten Zitrone, 175 g Kandiszucker, 3,5 cl Wodka

Die Cranberrys waschen, trocken tupfen und verlesen. Die Vanilleschote längs aufschlitzen. In einem Topf 175 ml Wasser mit Kandiszucker, Cranberrys, Vanilleschote und Zitronenschale unter Rühren aufkochen lassen, bis der Kandis sich ganz aufgelöst hat. Vom Herd nehmen und abkühlen lassen. Den Wodka unter die Mischung rühren und alles in eine weithalsige Flasche abfüllen. Diese verschließen und 5 Tage an einem hellen Ort stehen lassen. Danach durch ein feines Sieb oder sauberes Tuch seihen und den Likör in dekorative Flaschen füllen.

Quitten-likör

ERGIBT ETWA 1 L

1 kg Quitten, 400 g feinster Zucker, Saft von 1 Zitrone, Saft von 1 Orange, 0,7 l Doppelkorn (38 Vol.-%)

Die Quitten mit einem Tuch abreiben, vierteln und von Blüten- und Stielansätzen befreien. Die Viertel auf der Rohkostreibe in eine Schüssel reiben und mit Zucker verrühren. Über Nacht zugedeckt durchziehen lassen. Am nächsten Tag das Fruchtfleisch mit Zitronen- und Orangensaft mischen, in ein heiß ausgespültes, gut abgetropftes Glas von 1½ l füllen, den Doppelkorn zugießen und alles gut umrühren. Das Glas verschließen und die Mischung an einem hellen Ort bei Zimmertemperatur 4 Wochen durchziehen lassen. Zwischendurch gelegentlich schwenken. Dann die Flüssigkeit durch ein feines Sieb oder ein sauberes Tuch seihen und in dekorative Flaschen umfüllen.

ÜBRIGENS

Quitten waren schon in der Antike bei Griechen und Römern beliebt. Diese nannten die Frucht nach ihrer Herkunft „kretischer Apfel". Es gibt zwei Quittensorten, die sich durch ihre äußere Form unterscheiden: Apfel- und Birnenquitten. Letztere sind weicher und saftiger. Die aromatisch duftenden Früchte sind wegen ihres herben Geschmacks und des holzigen Fruchtfleischs nicht zum Rohessen geeignet. Für die Zubereitung von Gelee, Kompott oder Likör eignen sie sich aber perfekt.

Zitronen-likör

ERGIBT ETWA 1¾ L

2 unbehandelte Zitronen, 1 kleine unbehandelte Orange, 1½ l Weingeist (96 Vol.-%), 250 g weißer Kandiszucker

Die Zitronen und die Orange heiß abwaschen und trocken reiben. Die Schale ohne das Weiße dünn abschälen, in sehr feine Streifchen schneiden und in ein heiß ausgespültes, abgetropftes Glas geben. ½ l Weingeist zugießen, umrühren und das Glas verschließen. Die Mischung bei Zimmertemperatur etwa 4 Wochen durchziehen lassen. ⅛ l Wasser mit dem Kandiszucker in einem Topf unter ständigem Rühren so lange köcheln lassen, bis sich der Zucker gelöst hat. Die sirupartige Flüssigkeit abkühlen lassen und zusammen mit dem restlichen Weingeist zur Zitronen-Weingeist-Mischung geben. Umrühren, in dekorative Flaschen füllen und diese gut verschließen. Vor dem Probieren noch 2 Wochen ruhen lassen.

VARIANTE

Auf die gleiche Weise können Sie Orangenlikör herstellen. Dazu nehmen Sie insgesamt 6 unbehandelte Orangen.

ÜBRIGENS

Weingeist hat einen Alkoholgehalt von 96 Vol.-%, ist also fast reiner Alkohol. Er ist nur in begrenzter Menge erhältlich, und zwar ausschließlich in Apotheken.

Mango-likör

ERGIBT ETWA ½ L

1 Mango (ca. 400 g), 1 Vanilleschote, 120 g weißer Kandiszucker, ¼ l weißer Rum (38 Vol.-%)

Die Mango schälen, das Fruchtfleisch in Spalten vom Stein schneiden und zusammen mit der aufgeschlitzten Vanilleschote in ein heiß ausgespültes, gut abgetropftes Glas von 1 l Inhalt füllen. Den Kandiszucker zufügen, den Rum angießen, das Glas verschließen und die Mischung etwa 6 Wochen an einem warmen Ort durchziehen lassen. Dann die Flüssigkeit durch ein feines Sieb oder ein sauberes Tuch seihen und in dekorative Flaschen umfüllen. Vor dem Probieren weitere 2 Wochen ruhen lassen.

VARIANTE

Statt der Vanilleschote 1 Stück geschälten, fein gehackten Ingwer (ca. 2 cm) mit dem Kandiszucker in die Flasche geben.

ÜBRIGENS

Mangos sind überaus aromatische und nahrhafte tropische Steinfrüchte. Die reifen Früchte haben eine rotgelbe Schale und geben auf Fingerdruck nach (eventuell bei Zimmertemperatur nachreifen lassen). Das Fruchtfleisch ist leuchtend gelb und in der Nähe des Kerns etwas faserig. Man bekommt Mangos das ganze Jahr über.

Johannisbeer-Aufgesetzter

ERGIBT ETWA 1 L

Je 500 g Schwarze und Weiße Johannisbeeren, 1 Vanilleschote, 250 g weißer Kandiszucker, 0,7 l Korn (32 Vol.-%)

Die Johannisbeeren auf einem Sieb abbrausen, gut abtropfen lassen und von den Stielen streifen. Die Vanilleschote längs aufschlitzen und quer halbieren. Die Beeren zusammen mit der Vanilleschote und dem Kandiszucker in ein heiß ausgespültes, gut abgetropftes Glas von 1½–2 l Fassungsvermögen füllen. Den Korn angießen, das Glas verschließen und 6–8 Wochen stehen lassen. Zwischendurch hin und wieder schwenken. Danach den Aufgesetzten durch ein feines Sieb oder ein sauberes Tuch seihen, in dekorative Flaschen füllen und noch 1–2 Wochen ruhen lassen.

VARIANTE

Statt Johannisbeeren können Sie auch Walderdbeeren oder Heidelbeeren verwenden und auf die gleiche Weise zu Likör verarbeiten.

ÜBRIGENS

Johannisbeer-Aufgesetzter ist der erste und echte Aufgesetzte, der in Westfalen noch in vielen Familien traditionell zubereitet wird.

Orangenscheiben in Cognac

ERGIBT 4 GLÄSER VON 500 G

1 kg dünnschalige unbehandelte Orangen, 500 g Kandiszucker, 6 Stück Sternanis, 0,7 l Cognac (40 Vol.-%)

Die Orangen unter heißem Wasser abwaschen, gut trocken reiben und mit Schale in ½ cm dicke Scheiben schneiden. Abwechselnd mit Kandiszucker und Anis (2 Sterne halbieren) in heiß ausgespülte, gut abgetropfte Twist-off-Gläser schichten. Die Früchte mit dem Cognac bedecken. Die Gläser sofort verschließen und an einem kühlen und luftigen Ort mindestens 3 Wochen durchziehen lassen.

ÜBRIGENS

Nur jener französische Weinbrand darf sich Cognac nennen, der in dem gleichnamigen Gebiet im Südwesten Frankreichs aus den dort angebauten Trauben hergestellt wurde. Er wird nach einem sehr alten Verfahren destilliert und nicht selten bis zu 25 Jahren in Eichenfässern gelagert. Anis wird im Mittelmeerraum angebaut. Zum Würzen wird nur der Samen verwendet. Er hat einen herbsüßlichen Geschmack und wird ganz oder gemahlen angeboten. Das hocharomatische Anisöl wird zur Herstellung von Likören wie Pernod und Ouzo verwendet.

Rumtopf

ERGIBT CA. 5 L

Juni: 500 g Erdbeeren, Zucker, Rum; Juli: 500 g Aprikosen, 500 g Sauerkirschen; August: 250 g Pfirsiche, 250 g Mirabellen, 250 g Pflaumen, 250 g Reineclauden; September: 250 g Zwetschgen; Oktober: 250 g Ananas, 250 g Williams-Christ-Birnen

Erdbeeren putzen, in den Rumtopf geben, mit der gleichen Menge Zucker bestreuen und Rum zugießen, bis die Früchte bedeckt sind. Aprikosen und Sauerkirschen mit ihrem Gewicht in Zucker erst 1 Stunde ziehen lassen, dann in den Topf geben und mit Rum auffüllen. Pfirsiche (gehäutet), Mirabellen, Pflaumen und Reineclauden entsteinen, klein schneiden, mit der halben Menge Zucker mischen und im Topf mit Rum bedecken. Zwetschgen halbieren, entsteinen, mit der halben Menge Zucker mischen und wie oben zufügen. Ananas putzen, Birnen schälen und vom Kerngehäuse befreien. Beides würfeln, mit der halben Menge Zucker mischen, in den Topf schichten und mit Rum auffüllen. 4 Wochen nach der letzten Fruchtzugabe noch ½ Flasche Rum angießen. Nach alter Tradition wird der fertige Rumtopf am 1. Advent „angestochen“.

TIPPS

Wichtig sind makelloses, reifes Obst und 54 Vol.-%-iger Markenrum. Eine besondere Note erzielen Sie durch braunen Kandis statt des Zuckers, 1 Vanilleschote oder Zimtstange. Das Obst muss in einem Deckeltopf aus Steingut oder Porzellan (4–5 l Inhalt) immer mit Flüssigkeit bedeckt sein.

GRUNDREZEPT:

Bei den ersten drei Sorten je 500 g Früchte mit je 500 g Zucker bestreuen, für alle weiteren nur noch je 250 g Zucker auf 500 g Obst verwenden. Für jede Fruchtsorte etwa ¼–½ Flasche Rum von immer der gleichen Sorte angießen, bis die Früchte gut bedeckt sind. Bei Bedarf eine Untertasse umgedreht obenauf legen.

Eierlikör

ERGIBT CA. 900 ML

6 sehr frische Eigelb, 150 g Puderzucker, 1 Vanilleschote,
¼ l Kondensmilch bester Qualität (10 %), 500 ml Weinbrand

In einer Schüssel die Eigelbe und Puderzucker mit den Quirlen des Handrührers 5 Minuten cremig rühren. die Vanilleschote längs halbieren, das Mark herauskratzen und unterrühren. Nacheinander Kondensmilch und Weinbrand in dünnem Strahl unter Rühren zugießen. Die Mischung für 2 Stunden kalt stellen und währenddessen gelegentlich umrühren. Danach eventuell entstandenen Schaum abschöpfen und den Eierlikör in eine dekorative Flasche umfüllen.

TIPP

Eierlikör schmeckt gut pur, aber auch zu Desserts oder in Kuchen. Im Kühlschrank hält sich der Likör 4–6 Wochen.

Sirup & Getränke

Weißweinschorle mit Holunderblütensirup

FÜR DEN HOLUNDERBLÜTENSIRUP – ERGIBT ETWA 3 L

1 Vanilleschote, 1200 g brauner Rohrzucker, 250 g Gelierzucker 1:3, 8 unbehandelte Zitronen, 3 rote Äpfel, 3 grüne Äpfel, 500 g Holunderblüten

Für den Sirup die Vanilleschote längs aufschlitzen und das Mark herauskratzen. 1,5 l Wasser mit dem Rohrzucker, dem Gelierzucker und dem Vanillemark in einem entsprechend großen Topf mischen und bei geringer Hitze ca. 10 Minuten köcheln lassen. In der Zwischenzeit die Zitronen waschen, trocken tupfen und die Schale mit einer Reibe dünn abreiben. Die Früchte halbieren und den Saft auspressen. Die Äpfel waschen, vierteln und vom Kerngehäuse befreien. Holunderblüten verlesen und klein zupfen.

Alle Zutaten in den vorbereiteten Zuckersirup geben und darin ca. 2 Stunden ziehen lassen. Den Holunderblütensirup durch ein feines Sieb geben und in heiß ausgespülte Flaschen abfüllen.

FÜR DIE WEIßWEINSCHORLE – ERGIBT 2 GLÄSER

2 Limetten, 6 EL Holunderblütensirup, 200 ml Weißwein, 150 ml Mineralwasser, ½ Bund frische Minze, Eiswürfel nach Belieben

Die Limetten heiß abwaschen, trocken tupfen und in Scheiben schneiden. In die Gläser geben und den Saft mit einem Holzstößel etwas ausdrücken. Den Holunderblütensirup zugießen und die Gläser zur Hälfte mit Weißwein füllen, nach Belieben mit Mineralwasser aufgießen.

Die Minze abbrausen und trocken schütteln. Die Blättchen abzupfen, zwischen den Fingern etwas reiben, damit sich das Aroma entfaltet, und in die Gläser geben. Nach Belieben mit Eiswürfeln servieren.

Orientalischer Eistee mit Limettensirup

FÜR DEN LIMETTENSIRUP – ERGIBT ETWA 1 L

1 unbehandelte Limette, 1 Vanilleschote, 1 Bund frische Minze, 200 ml Limettensaft, 600 g Zucker

Für den Sirup die Limette heiß waschen, trocken tupfen und die Schale mit einer Reibe dünn abreiben. Die Limette halbieren und in Scheiben schneiden. Die Vanilleschote längs aufschlitzen, die Minze abbrausen, trocken schütteln und die Blättchen abzupfen. Limettenabrieb, -scheiben, Vanilleschote und Minze in eine große Schüssel geben.

Limettensaft mit 500 ml Wasser und Zucker aufkochen und anschließend über die Zutaten in der Schüssel gießen. Den Sirup abdecken und 1 Tag ziehen lassen. Dann durch ein feines Sieb gießen und die Limettenscheiben ausdrücken. Den Sirup erneut aufkochen und in heiß ausgespülte Flaschen füllen.

FÜR DEN EISTEE – ERGIBT 1 L

1 Bund frische Minze, 3 Kardamomkapseln, 2 Limetten, 1 Zimtstange, 1 Sternanis, 3 EL Zucker, 50 ml Limettensirup, Eiswürfel nach Belieben

Die Minze abbrausen, trocken schütteln und die Blättchen abzupfen. Kardamomkapseln in einem Mörser grob zerstoßen. Limetten heiß abwaschen, Schale von 1 Limette mit einem Messer sehr dünn abschälen und den Saft auspressen. Restliche Limetten in feine Scheiben schneiden. Die Gewürze mit der Limettenschale in einen großen Topf geben und mit 1 l Wasser zum Kochen bringen. Limettensaft und Zucker zugeben und 5 Minuten köcheln lassen. Den Tee durch ein Sieb gießen und abkühlen lassen. Den Eistee in eine Karaffe gießen und Limettensirup, Limettenscheiben und Minze zufügen. Mit Eiswürfeln servieren.

Rhabarber-Sekt-Schorle

FÜR DEN RHABARBERSIRUP – ERGIBT ETWA 1 L
1 kg Rhabarber, 1 Vanilleschote, 1 Zitrone, 1 kg Zucker

Den Rhabarber putzen, in 1 cm dicke Stücke schneiden und in einen großen Topf geben. 1 l Wasser zufügen, zum Kochen bringen und den Rhabarber in 15 Minuten bei mittlerer Hitze weich kochen. Den entstandenen Saft durch ein Sieb gießen und auffangen, dabei die restliche Flüssigkeit aus dem Rhabarber ausdrücken. Die Vanilleschote längs aufschlitzen, das Mark herauskratzen und zusammen mit dem Saft zurück in den Topf geben. Die Zitrone heiß abwaschen, trocken tupfen, halbieren und den Saft auspressen. Zitronensaft mit Zucker zum Rhabarbersaft geben, unter gelegentlichem Rühren weitere 5 Minuten zu Sirup einkochen.

FÜR DIE RHABARBER-SEKT-SCHORLE – ERGIBT 2 GLÄSER
2 Stängel frische Minze, 10 EL Rhabarbersirup, 6 EL Aperol, 400 ml Prosecco, Eiswürfel nach Belieben

Für die Schorle die Minze abbrausen und trocken schütteln. Die Blättchen abzupfen, zwischen den Fingern reiben und in 2 Gläser geben. Je 5 EL Rhabarbersirup und je 3 EL Aperol pro Glas zufügen, die Gläser mit Prosecco auffüllen. Nach Belieben mit Eiswürfeln servieren.

Weißweinschorle mit Ingwersirup

FÜR DEN INGWERSIRUP – ERGIBT ETWA 1 L

100 g Ingwer, 2 unbehandelte Zitronen, 250 g brauner Zucker

Für den Ingwersirup den Ingwer schälen, in Würfel schneiden und in einen großen Topf geben. 500 ml Wasser zugießen, aufkochen und mit geschlossenem Deckel 5–10 Minuten köcheln lassen. Eine Zitrone heiß abwaschen, trocken tupfen und die Schale dünn abschälen. Beide Zitronen auspressen, den Saft sowie die Schale in den Topf geben und diesen vom Herd nehmen. Den Sirup abgedeckt über Nacht ziehen lassen. Flüssigkeit durch ein Sieb gießen, auf 1 l auffüllen und erneut aufkochen. Den Zucker hinzufügen und den Sirup 5 Minuten köcheln lassen. Anschließend in heiß ausgespülte Flaschen füllen und diese verschließen.

FÜR DIE WEIẞWEINSCHORLE – ERGIBT 2 GLÄSER

2 Stängel frische Minze, 4 EL Ingwersirup, Eiswürfel nach Belieben, 200 ml Weißwein, Mineralwasser nach Belieben, 1 unbehandelte Limette

Für die Schorle die Minze abbrausen, trocken schütteln und die Blättchen abzupfen. Die Blättchen zwischen den Fingern reiben und in Weißweingläser geben. Je Glas 2 EL Ingwersirup sowie Eiswürfel nach Belieben zufügen. Die Gläser zur Hälfte mit Weißwein auffüllen und Mineralwasser zugießen. Die Limette heiß abwaschen, trocken tupfen und in Scheiben schneiden. Die Weißweinschorle mit den Limettenscheiben servieren.

Maibowle mit Waldmeistersirup

FÜR DEN WALDMEISTERSIRUP – ERGIBT 1 L

50 g frischer Waldmeister, 350 g Zucker, 1 unbehandelte Zitrone

Den frischen Waldmeister waschen und trocken schütteln. 1 Liter Wasser mit Zucker in einem Topf zum Kochen bringen. Die Zitrone heiß waschen, in Scheiben schneiden und zusammen mit dem Waldmeister in eine große Schüssel geben. Das heiße Zuckerwasser zugießen, die Schüssel abdecken und den Sirup 2 Tage durchziehen lassen. Den Sirup durch ein sehr feines Sieb gießen, erneut kurz aufkochen und in heiß ausgespülte Flaschen füllen.

FÜR DIE MAIBOWLE – ERGIBT 1,5 L

1 Bund frischer Waldmeister, 1 l trockener Riesling,
500 ml trockener Sekt, 5 EL Waldmeistersirup

Für die Maibowle den Waldmeister etwas anwelken lassen, damit er sein volles Aroma entfaltet. Die Hälfte des Weins in ein Bowlegefäß geben. Den Waldmeister zusammenbinden, in den Wein hängen und 10 Minuten ziehen lassen. Anschließend restlichen Wein und den Sekt zugießen und die Bowle mit Waldmeistersirup abschmecken.

Register

A
Ananas 96, 159
Anis 30, 102, 157, 166
Äpfel 43, 59, 63, 64, 67, 101, 164
Apfelsaft 49, 50, 101
Apfelwein 12
Aprikosen 40, 70, 96, 104, 159

B
Balsamico 91
Bärlauch 135
Basilikum 78, 108, 119, 132, 142
Basilikumöl 119
Birnen 102, 159
Bohnen 93
Brunnenkresse 139

C
Cassis-Likör 47, 50
Cayennepfeffer 59
Champignons 94
Chilischoten 63, 73, 91, 125
Cognac 157
Cointreau 40
Cranberrys 43, 146

D
Dicke Bohnen 93
Dill 77, 78, 81, 108, 129
Dillöl 129
Doppelkorn 148

E
Einlegegurken 77, 78
Erdbeeren 29, 30, 32, 36, 159
Essig 12, 59, 61, 63, 64, 69, 70, 73, 77, 81, 83, 84, 86, 88, 93, 94, 96, 101, 102, 104, 108, 110, 113, 115, 116, 141
Essigessenz 12, 59, 64, 73, 86, 93, 101, 102, 104, 113, 115
Essigsäure 12
Estragon 78, 108, 119

F
Feigen 69
Gelbe Gurken 81
Nelken 49, 64, 84, 88, 94, 96, 101, 102
Gin 70
Gurken 77, 78, 81

H
Haselnüsse 139
Heidelbeeren 44, 154
Himbeeren 29, 35, 39, 115
Himbeeressig 115
Holunder 50, 116, 164
Holunderbeeren 50, 116
Holunderbeeressig 116
Holunderblüten 164
Holundersaft 50
Honig 61

I
Ingwer 54, 59, 61, 63, 64, 67, 70, 83, 86, 96, 104, 153, 170
Ingwerpulver 59, 86

J
Johannisbeeren 36, 39, 44, 154

K
Kapern 141
Kirschen 44, 47, 159
Knoblauch 63, 70, 73, 91, 94, 108, 120, 122, 132, 135, 136, 139, 141, 142
Knoblauchöl 120
Kochbirnen 102
Kondensmilch 160
Koriander 67, 70, 84
Korn 148, 154
Kräuteressig 88, 94, 108
Kürbis 67, 83
Kurkuma 61

L
Lorbeerblätter 81, 88, 99

M
Mango 64, 153
Maraschino 64
Mirabellen 159
Möhren 86

O
Orangen 54, 88, 113, 148, 151, 157
Orangenessig 113

P
Pfirsiche 30, 69, 159
Pflaumen 59, 63, 96, 159
Provenzalisches Kräuteröl 126

Q
Quitten 148

R
Reineclauden 159
Rhabarber 32, 35, 59, 169
Rotweinessig 63
Rucola 136

S
Salbeiöl 122
Sanddorn 53
Sauerkirschen 44, 159
Sherry 73, 88
Sherryessig 88
Stachelbeeren 29, 61
Steinpilzöl 131
Süßkirschen 47

T
Tomaten 70, 84, 142

W
Waldmeister 173
Weinessig 63, 69, 77, 81, 83, 84, 96, 108, 110, 115, 141
Weißer Balsamico 91
Weißkohl 99
Weißweinessig 69, 83, 108, 110, 115
Williams-Christ-Birnen 159

Z
Zitronenessig 110
Zucchini 73
Zwetschgen 159

MIX
Papier aus verantwortungsvollen Quellen
FSC® C002795

5 4 3 2 1   21 20 19 18 17
978-3-88117-135-9
Fotografie: Oliver Brachat, BFF,
www.oliverbrachat.com,
S. 52 © Stockfood
Styling und Requisite: Oliver Brachat
Grafische Gestaltung: Stefanie Wawer
Redaktion: Franziska Grünewald
Satz und Litho: typocepta, Köln

www.hoelker-verlag.de